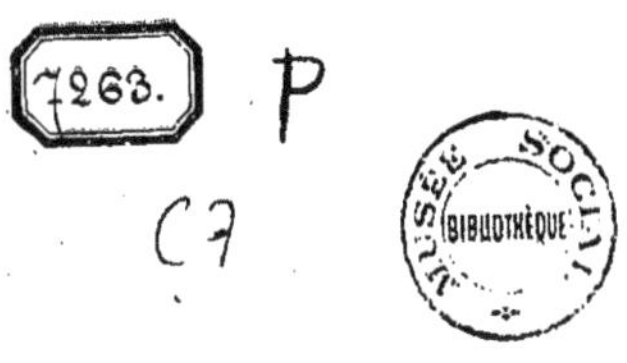

Le 13e Congrès national du Parti ouvrier français, Romilly, 8-11 7bre 1895

[Compte rendu & articles divers parus dans la presse française]

La Petite République

10 Septembre 1895

13e CONGRÈS NATIONAL OUVRIER

Romilly, 9 septembre.

Le 13e congrès national ouvrier français a tenu sa deuxième séance aujourd'hui.

Il a abordé la deuxième question de son ordre du jour : La politique coloniale.

Après un exposé de M. Lafargue, une résolution est votée à l'unanimité, condamnant les expéditions coloniales pour lesquelles aucun socialiste conscient ne votera jamais ni un homme, ni un sou.

Le congrès aborde ensuite la troisième et la quatrième question : la politique extérieure donne lieu à une discussion à laquelle prennent part MM. Guesde, Lafargue, Planteau, etc.

Une résolution est votée à l'unanimité, acclamant la paix entre les peuples et chargeant les députés du parti de saisir la Chambre, dès la rentrée, d'une proposition de loi tendant à réduire par voie de conventions internationales, graduellement et simultanément, le temps de service actif dans les armées européennes.

La cinquième question, « de l'action des élus dans les assemblées départementales », est discutée par MM. Delong, Chauvin, Guesde, Pedron, Pouillange, Carnaud, etc.

Elle aboutit à un ordre du jour invitant les groupes du parti à envoyer au congrès national, deux mois avant l'ouverture de ses séances, leurs divers vœux et propositions, pour qu'ils puissent être unifiés et présentés à la fois dans les conseils généraux et d'arrondissement.

Le Petit Provençal

10 Septembre 1895

Congrès du Parti Ouvrier Collectiviste Marxiste

Troyes, 9 Septembre, soir.

Le 13e Congrès national du Parti Ouvrier Français « fraction collectiviste marxiste » s'est ouvert, hier, à Romilly, il durera trois jours et se terminera par une grande réunion publique qui aura lieu demain soir, où il sera donné lecture des résolutions adoptées par les congressistes.

Le Congrès a été organisé par les soins des associations corporatives et socialistes de Romilly et de la fédération des syndicats et groupes du Parti Ouvrier de l'Aube.

La première séance s'est tenue au théâtre municipal de Romilly ; une immense inscription sur la scène porte la devise de Marx : « Prolétaires de tous les pays, unissez-vous ! » Les délégués présents étaient au nombre de 134 représentant 250 villes et 572 groupes, fédérations socialistes ou syndicats.

Parmi les délégués présents nous remarquons : MM. Jules Guesde, Carnaud, Chauvin, Sauvanet, députés ; Roussel, Zevaès, Mme Aline Valette, membres du Conseil national ; Dereure, ancien membre de la Commune ; Mahieu, conseiller d'arrondissement de Cherbourg, etc.

Sur la proposition de M. Jules Guesde, le Congrès décide que pour affirmer le deuil causé au Parti Ouvrier international par la mort de Frédérik Engels, les drapeaux rouges qui ornent la salle seront couverts d'un crêpe. Le Congrès vote ensuite la déclaration suivante :

LA DÉCLARATION

Le 13e Congrès National du Parti Ouvrier français est heureux de constater les progrès accomplis depuis le dernier Congrès de Nantes. L'élection de Gérault-Richard, la faillite de Casimir d'Anzin et les sièges conquis par le socialisme dans les assemblées départementales, ont prouvé, en même temps que l'impuissance des lois d'exception et de réaction, la force croissante du prolétariat organisé.

Le Congrès envoie avec son obole son salut fraternel aux verriers de Carmaux, qui ne défendent pas seulement leur pain, mais les droits politiques et la liberté syndicale de la France ouvrière tout entière.

Au nom de la France ouvrière et paysanne, qui fait tous les frais de la politique coloniale — véritable pêche aux millions avec les cadavres de nos soldats et de nos marins — le Congrès proteste contre l'abattoir de Madagascar, ajouté à l'abattoir du Tonkin, et il appelle de tous ses vœux l'heure où justice pourra être faite des criminels auteurs de ces meurtrières flibusteries, de même qu'il dénonce une nouvelle fois aux patriotes, dignes de ce nom, la duperie de la prétendue alliance russe, qui nous prend à la fois l'honneur et l'argent, traînant à Kiel la République française à la remorque de l'empereur allemand, après avoir, sous prétexte de revanche, pratiqué sur l'épargne nationale une saignée de plus de trois milliards.

Après l'adoption de cette déclaration préalable, le Congrès a abordé la discussion des deux premières questions portées à son ordre du jour :

LA DISCUSSION

1° Rapport du Conseil national ; 2° Situation générale du parti. M. Paul Lafargue, au nom du Conseil national, rend compte de ce qui a été fait depuis le Congrès de Nantes (1er septembre 1894) ; de ce rapport, nous extrayons les renseignements suivants : D'un Congrès à l'autre, 500 conférences de propagande ont été faites dans 212 villes par 7 membres du Conseil national (MM. Guesde, Chauvin, Roussel, Carnaud, Zévaès, Lafargue et Mme Valette) ; la presse du parti s'est augmentée de quatre journaux quotidiens et de deux revues mensuelles.

M. Lafargue, rappelant les élections cantonales de juillet dernier, déclare que 11 candidats du parti ont été élus au Conseil général et 15 au Conseil d'arrondissement ; le nombre des voix recueillies s'élève à 170,000, alors qu'en 1893 il était seulement de 66,000. L'orateur conclut que les majorités recueillies dans les villes suivantes garantissent au Parti Ouvrier les municipalités de : Grenoble, Cette, Fourmies, Decazeville, Agen, Roanne, Alais, Carcassonne, Cherbourg, Caudry, etc.

Après M. Paul Lafargue, M. René Chauvin rend compte de la situation du parti au point de vue administratif ; en passant, il signale que depuis quatre mois le secrétariat du Conseil national a échangé avec les groupes ou syndicats 2,918 lettres ou télégrammes.

A l'unanimité, le Congrès vote un ordre du jour adoptant les rapports de MM. Chauvin et Lafargue et félicitant les membres du Conseil municipal sortants de leur conduite et de leur dévoûment.

DEUXIÈME SÉANCE

Aujourd'hui, le Congrès a tenu sa deuxième séance ; il a abordé la troisième question de son ordre du jour : « La politique coloniale ».

Après un exposé de M. Lafargue, une résolution est votée à l'unanimité, condamnant les expéditions coloniales pour lesquels aucun socialiste conscient ne votera jamais ni un homme, ni un sou.

Les Congrès aborde ensuite la 3e et la 4e question : « La politique extérieure », qui donne lieu à une discussion à laquelle prennent part MM. Guesde, Lafargue, Planteau, etc. Une résolution est votée à l'unanimité, acclamant la paix entre les peuples et chargeant les députés du parti de saisir la Chambre dès la rentrée, d'une proposition de loi tendant à réduire, par voie de conventions internationales, graduellement et simultanément, le temps de service actif dans les armées européennes.

La 5e question « de l'action des élus dans les assemblées départementales » est discutée par MM. Delong, Chauvin, Guesde, Pedron, Pouillange, Carnaud, etc. ; elle aboutit à un ordre du jour invitant les groupes du parti à envoyer au Congrès national deux mois avant l'ouverture de ses séances leurs divers vœux et propositions pour qu'ils puissent être unifiés et présentés à la fois dans les Conseils généraux et d'arrondissement.

TROISIÈME SÉANCE

Dans sa troisième séance, le Congrès constatant avec joie que les rapports des délégués donnent les élections municipales prochaines comme se présentant dans les meilleures conditions pour le Parti Ouvrier français, certains départements devant donner au moins cinquante municipalités socialistes, décide que partout où on trouvera des camarades indépendants pour accepter des candidatures la lutte sera engagée.

Là où l'on ne compterait pas sur des résultats immédiats, dans les quelques localités où il existe des sections socialistes, il y aura lieu dans l'intérêt de la cause commune et pour assurer la défaite de la réaction d'arriver à une entente préalable entre le Parti et ses sections, pour ne pas maintenir au second tour que les candidats socialistes les plus favorisés.

Petit Républicain

Troyes 10 Septembre

Le Congrès de Romilly

Notre correspondant parisien nous télégraphie :

Paris, 9 septembre, 5 heures. — La troisième séance du 13e congrès national a eu lieu dimanche soir, sous la présidence de la citoyenne Vallette.

A sept heures, sont arrivés Mayeux, de Cherbourg, et Sienne, conseiller municipal de Roubaix, et 12 nouveaux délégués de Marseille, Roanne, etc., représentant 30 groupes ou syndicats.

Le congrès aborde la 3e question et son ordre du jour : « La politique coloniale ».

Après un exposé de Lafargue, une résolution est votée à l'unanimité, « condamnant les flibustiers coloniaux. »

Les 3e et 4e questions « la politique extérieure » donne lieu à une discussion approfondie à laquelle prennent part Guesde, Lafargue, Planceau, etc. La résolution votée à l'unanimité acclame la paix entre les peuples et charge les députés du parti de saisir la Chambre, dès la rentrée, d'une proposition de loi tendant à réduire par voie de convention internationale graduellement et simultanément, le temps de service actif dans les armées européennes.

La cinquième question « de l'action des élus dans les assemblées départementales » est discutée par Belong, Chauvin, Pédron, Lacroix, Guesde, Fouillang, Carnaud, etc. Elle aboutit à un ordre du jour invitant les groupes du parti à envoyer au congrès national, deux mois avant l'ouverture des séances, leurs divers vœux et propositions, pour qu'ils puissent être vérifiés et présentés à la fois dans les congrès généraux et d'arrondissement.

Paris, 9 septembre, 8 heures 30. — La séance de ce matin débute par la lecture d'un télégramme de Cette annonçant que le parti ouvrier est maître depuis hier de l'Hôtel de Ville de cette commune et d'une adresse du parti des travailleurs italiens affirmant sa solidarité avec le parti. De nouveaux délégués sont admis. Le congrès aborde la suite de son ordre du jour : « les élections municipales de 1896 ». De nombreux délégués prennent la parole. Mayeux, de Roanne, Fouillang, de Montluçon, Mossat, de Paris, Lafargue, Guesde, Pédron, Delmy, Goncier, de Paris, Daronno, etc. A l'unanimité, la résolution suivante présentée par une commission de 5 membres, est adoptée : « Le congrès constate avec joie, d'après les rapports des délégués sur leurs différentes régions, que les élections municipales prochaines se présentent dans les meilleures conditions pour le parti ouvrier français, certains départements devant donner jusqu'à 50 municipalités socialistes, décide que partout où il sera possible de trouver des camarades assez indépendants pour accepter des candidatures, la lutte sera engagée par le parti. Mais là où il n'y aurait pas à compter sur des résultats immédiats, dans les quelques localités où il existe des sections socialistes, il y aura lieu, dans l'intérêt de la cause commune et pour assurer la défaite de la réaction capitaliste, à une entente préalable entre le parti et ses sections pour ne maintenir au second tour que les candidats socialistes les plus favorisés.

Journal de Roubaix

11 Septembre

LE 13e CONGRÈS NATIONAL

DU PARTI OUVRIER FRANÇAIS

La première journée. — Les déclarations. — Les rapports des délégués. — Le Parti et la politique coloniale.

(D'un correspondant spécial)

Romilly-sur-Seine, 8 septembre. — C'est aujourd'hui que s'ouvre le 13e Congrès du Parti ouvrier français. Il s'annonce comme vraiment important. C'est du reste la seule fraction socialiste qui tienne un congrès annuel. Les allemanistes devaient bien avoir le leur, mais ils n'ont pu l'organiser faute de délégués. La matinée est consacrée à la réception des délégués ; des citoyens de Romilly, envoyés par le maire, et facilement reconnaissables à l'insigne rouge qu'ils portent à la boutonnière, les attendent à l'arrivée des trains et leur fournissent de véritables billets de logement.

Parmi les arrivants, je remarque le citoyen Chauvin, député de la Seine, l'administrateur du parti, la citoyenne Aline Valette, membre du conseil national du parti, reçue par l'ancien maire de Romilly, Bonheury-Gornet, le citoyen Delory, délégué du Nord, le citoyen Dereure, ancien membre de la Commune, etc. Les chefs du parti sont d'ailleurs arrivés depuis la veille ; Jules Guesde, Paul Lafargue, Carnaud, député de Marseille n'ont pas perdu leur temps ; ils ont poussé hier soir jusqu'à Troyes où ils ont donné une réunion publique.

***

A deux heures de l'après-midi, M. Henri Millet, le maire de la ville, ouvre la 1re séance. Nous sommes dans la salle du théâtre, aménagée pour le Congrès : guirlandes rouges, drapeaux rouges, inscriptions en lettres rouges : « Travailleurs de tous les pays, unissez-vous », dans les tribunes des conseillers municipaux de la localité. Le bureau se constitue, c'est M. Bonheury-Gornet qui préside.

150 délégués sont présents, représentant 200 villes et 500 groupes, syndicats ou fédérations. La parole est alors donnée aux rapporteurs. M. Chauvin rend compte de la gérance du parti ; il faut lui rendre cette justice que le budget est acclamé par le Congrès, et c'est avec fierté qu'il déclare que le Conseil national a échangé en moins de 4 mois 2918 lettres et télégrammes avec les groupes adhérents au Parti.

Après lui, M. Paul Lafargue, l'ancien député de Lille, énumère les progrès réalisés depuis le congrès de Nantes de l'année dernière, au point de vue de la propagande de l'idée, et il faut l'avouer, les militants n'ont pas perdu leur temps ; 212 villes ont été travaillées ; l'un, le citoyen Alexandre Zévaès, le plus jeune et par suite le plus actif, a fait à lui seul 127 conférences.

M. Paul Lafargue rappelle que le Parti a engagé la lutte sur tous les terrains, pour les conseils généraux, pour le Sénat, etc., que le Parti depuis un an s'est enrichi de 4 journaux quotidiens, de 6 journaux hebdomadaires.

Enfin, M. Jules Guesde demande la parole pour lire une déclaration, que je vous envoie, à titre de document. Auparavant il demande que le Congrès crêpe de deuil les drapeaux rouges en mémoire de Frédéric Engels.

Le Congrès accepte par acclamation le compte-rendu financier et politique du conseil national.

Voici la déclaration lue par Jules Guesde et acclamée par le Congrès :

« Le XIIIe Congrès national du Parti ouvrier français est heureux de constater les progrès accomplis depuis le dernier congrès de Nantes. L'élection de Gérault-Richard, la fuite de Casimir d'Anzin et les sièges conquis par le socialisme dans les assemblées départementales ont prouvé, en même temps que l'impuissance des lois d'exception et de réaction, la fièvre croissante du prolétariat organisé.

» Le Congrès envoie, avec son obole, son salut fraternel aux verriers de Carmaux qui ne défendent pas seulement leur pain, mais les droits politiques et la liberté syndicale de la France ouvrière toute entière.

» Cette grève imposée par le bon plaisir d'un seul à près de 1100 familles sous la protection d'un gouvernement complice, est une nouvelle et éclatante démonstration de la nécessité d'exproprier publiquement et économiquement la classe capitaliste. Aucune garantie d'existence, aucune liberté publique pour les travailleurs tant qu'ils ne seront pas devenus, sous la forme sociale, les propriétaires des moyens de production ! Rien à attendre des pouvoirs publics aussi longtemps qu'ils ne s'en seront pas emparés !

» Au nom de la France ouvrière et paysanne qui fait tous les frais de la politique dite coloniale — véritable pêche aux millions avec les cadavres de nos soldats et marins — le Congrès proteste contre l'abattoir de Madagascar ajouté à l'abattoir du Tonkin, et il appelle de tous ses vœux l'heure où justice sera faite des criminels auteurs de ces meurtrières flibusteries. De même qu'il dénonce une fois de plus aux patriotes dignes de ce nom la prétendue alliance russe qui nous prend à la fois l'honneur et l'argent, traînant à Kiel la République française à la remorque de l'empire allemand, après avoir, sous prétexte de revanche, pratiqué sur l'épargne nationale une levée de plus de onze millions.

« Le Congrès adresse l'expression de son admiration au Parti ouvrier belge qui, après avoir arraché à la bourgeoisie censitaire son monopole gouvernemental a, pour ses débuts, malgré des suffrages des plus inégaux, conquis aux socialistes au quart de la représentation nationale.

» Le Congrès félicite le parti des travailleurs italiens, qui, malgré les violences et les fraudes gouvernementales, en plein état de siège pourrait-on dire, est sorti des dernières élections législatives avec ses forces triplées et a été prendre dans les Bastilles de Crispi les victimes des derniers conseils de guerre pour en souffleter la monarchie bourgeoise d'Humbert premier et dernier.

» Le congrès enfin crie merci et bravo aux socialistes d'outre-Vosges qui, fidèles au devoir international si héroïquement rempli par eux en pleine guerre il y a vingt-cinq ans, viennent de se mettre, au péril de leur liberté en travers des fêtes commémoratives de Sedan — réprouvant à la face de nos vainqueurs le militarisme et la guerre et affirmant par dessus la frontière leur solidarité avec les socialistes de France.

» Le Parti ouvrier français qui, lui aussi, veut la paix entre les peuples, sera toujours près de combattre pour l'affranchissement du travail et de l'humanité côte à côte avec la vaillante démocratie socialiste allemande. Vive l'Internationale. »

Après le Conseil national, ce sont les différents délégués qui ont la parole pour établir la situation des groupes qu'ils représentent. Certains et particulièrement celui de l'agglomération parisienne ne se font pas faute de rappeler les différends qu'ils ont eu à subir avec les autres fractions socialistes et particulièrement avec les allemanistes et autres possibilistes — ou mieux policibilistes.

Le citoyen Delory, qui est avec les citoyens Gosselin, Cousin-Corbier, Duterire, Sauvache, Dupied, Silenne, délégué de la *Fédération du Nord*, raconte également, aux applaudissements unanimes, comment fut reçue dans la région la susdite fraction. D'après M. Delory, la Fédération du Nord aurait reçu aujourd'hui 3.000 adhérents, 103 groupes, et la majorité dans [illegible] localités, ajoutez à cela 2 coopératives, 2 fanfares, 4 chorales, 2 chorales enfantines, 4 sections dramatiques; elle aurait obtenu 67.000 voix aux élections législatives de 93; enfin l'imprimerie de Lille évaluée, il y a un an, à 30.000 fr. vaudrait aujourd'hui 100,000 fr.

* * *

Après toutes ces discussions financières et tous ces exposés de chiffres, le Congrès aborde enfin la question coloniale. L'étude complète en aura lieu à la séance de demain matin.

PHILIPPE SOURD.

(D'un autre correspondant)

Romilly, 9 septembre. — Dans sa deuxième séance, le congrès national du Parti ouvrier français a abordé la question de la politique coloniale. Après un exposé de M. Pablo Lafargue, une résolution a été votée à l'unanimité, condamnant les expéditions coloniales comme faisant le jeu des financiers cosmopolites sous prétexte de civilisation.

La campagne de Madagascar est l'objet d'une flétrissure spéciale. Une autre résolution est accueillie par la même unanimité. Elle vise la paix entre les peuples, la fin du militarisme, et charge les députés du Parti de saisir le Parlement d'un projet tendant à réduire graduellement et simultanément par convention nationale le temps de service actif dans toutes les armées d'Europe.

A l'issue de chaque séance, une quête est faite pour les verriers de Carmaux.

Troyes, 9 septembre. — Dans sa troisième séance, le congrès de Romilly a formulé l'espoir, suivant les rapports des délégués, que, dans certains départements, les élections municipales prochaines donneraient au moins 60 municipalités socialistes.

Le congrès décide que la lutte sera engagée partout où on trouvera des camarades indépendants pour accepter la candidature.

Petit Républicain, Troyes, 11 Septembre, 189[illegible].

Le Congrès de Romilly

Notre correspondant parisien nous télégraphie :

Paris 10 septembre. — La discussion a repris hier sur les élections municipales de 189[illegible]. Le congrès a décidé que tous les élus du parti dans les divers conseils municipaux, auront à transmettre au conseil national, pour être portées à la connaissance du parti tout entier, toutes les mesures proposées ou adoptées en exécution du programme municipal du parti.

Le Congrès a protesté contre la loi qui établit la « gratuité des fonctions électives et qui n'est pas moins attentatoire que le cens d'autrefois, à la souveraineté nationale, puisque le cens excluait les prolétaires de l'administration des communes et était un véritable monopole de la classe dirigeante. »

La proposition suivante a été également votée : « Le congrès est d'avis qu'il y a lieu d'ouvrir une campagne d'agitation en vue d'une loi rendant obligatoire pour tous les ouvriers d'un même métier, syndiqués ou non, les décisions prises par la chambre syndicale en matière de tarifs ou de salaires et des autres conditions de travail. »

Le conseil national a été ensuite constitué ainsi : MM. Guesde, Lafargue, Chauvin, Prévot, Roussel, Zevaès, Ferroul, Derenne, Alice Vallette, membres sortants, Moussa et Fortin, membres nouveaux.

Il a été décidé que le parti ouvrier, dans son ensemble, serait représenté au Congrès international de 189[illegible], à Londres, par le conseil national du parti.

Séance du 10 septembre matin

Le congrès a émis un vœu à la suite de la proposition déposée à la Chambre par le groupe socialiste tendant à obtenir l'élection par les ouvriers et ouvrières des inspecteurs et inspectrices du travail. Le conseil national est chargé de préparer une loi qui sera présentée pour supprimer l'inéligibilité des vieillards assistés ou indigents. Le congrès, considérant que le nombre des femmes employées dans l'industrie croît chaque jour, invite les délégués aussitôt rentrés dans leurs groupes respectifs, à travailler à l'organisation de groupes ouvriers. Le congrès a émis un vœu tendant à ce que l'Etat monopolise la fabrication des produits pharmaceutiques; un autre vœu demandant que l'Etat accorde aux communes la faculté d'adopter des enfants sans père à condition par elles de remplir toutes les charges afférentes au rôle de père. Dernier vœu : Le congrès décide d'élaborer un projet de loi tendant à réduire de 28 à 13 jours et de 13 jours à 4 les périodes d'instruction de réservistes.

Séance de l'après-midi

Minimum des pensions de retraite pour les inscrits maritimes de toutes professions porté à 600 fr. au moyen d'un impôt spécial sur les armateurs et les compagnies de navigation; création d'un conseil du travail maritime élu par les syndicats de marins du commerce et pêcheurs; réglementation du temps de travail, 12 heures par jour, 4 heures sur le pont et 8 heures devant les feux, un jour de repos complet par semaine, sauf le cas de force majeure (Déjà voté au congrès maritime de 1893), minimum de salaire : 90 francs sur le pont, 100 francs dans les soutes et 120 francs devant les feux, sécurité garantie par le maximum de chargement, par le maximum de vitesse, par le maximum d'équipage, d'après la jauge des navires et la force des machines, par l'inspection des navires au départ; par les prud'hommes maritimes et par l'assurance obligatoire du personnel et de ses effets; suppression des tribunaux maritimes et retour au droit commun pour les travailleurs de la mer.

Le conseil national est chargé de fixer le siège du prochain congrès en prévenant les groupes trois mois à l'avance.

Après séance

M. Zevaès s'est vu dresser procès-verbal par un gendarme pour avoir chanté après minuit. M. Zevaès a protesté, disant qu'en tout autre lieu on ne lui avait pas dressé procès-verbal et qu'après tout ce n'était pas à la gendarmerie à lui faire respecter la loi, mais bien au commissaire. Néanmoins le procès-verbal a été fait et maintenu par la gendarmerie.

Le Réveil du Nord Lille, 11 7bre

CONGRÈS DE ROMILLY

XIIIe Congrès national du Parti Ouvrier

Les délégations. — Manifestation de deuil international. — Rapport du Conseil national : La propagande ouvrière et paysanne. — La presse du Parti. — Les victoires cantonales. — La déclaration du Parti : Carmaux, Madagascar, l'alliance russe, les Socialistes italiens, belges, allemands. Adresses des socialistes étrangers

Un télégramme a fait connaître hier le succès du congrès de Romilly. Nous donnons à nos lecteurs le compte-rendu détaillé des travaux de ce congrès, dont l'importance est capitale. On sait que la durée de ce congrès est de trois jours et que l'on y discutera notamment le programme des travailleurs de la mer. C'est la première fois que l'on s'intéresse au sort de cette fraction du prolétariat la plus éprouvée peut-être, tant par son misérable sort que par les nombreuses victimes que la mer fait chaque jour dans ses rangs.

C'est encore le Parti ouvrier qui aura cet honneur de s'être occupé de ces travailleurs auxquels la bourgeoisie n'avait jamais songé que pour les « inscrire » toute leur vie et de père en fils, pour la défense des côtes et lui fournir les poissons nécessaires à son alimentation.

La première séance

Les délégués du Parti ouvrier de France au Congrès de Romilly ont tenu une première séance, le dimanche 8 septembre, à 3 heures de l'après-midi. Tous les militants socialistes savent quelle place glorieuse a tenue la ville de Romilly dans ces deux dernières années, dans la lutte contre ce nouveau roi de Pont (sur Seine), Mithridate Casimir-Périer. Il était donc juste que le Congrès du parti se tint dans cette ville qui a si bien mérité de la cause socialiste.

Les séances se sont tenues dans la salle du théâtre, magnifiquement décorées. Au bout des tribunes se déploie la grande devise communiste : « Travailleurs de tous les pays, unissez-vous ! Des drapeaux rouges sont placés à tous les coins de la salle ; la couleur du parti révolutionnaire socialiste ! »

Les délégués

La vérification des pouvoirs a constaté la présence de soixante-douze délégués, venus de Lyon, de la Dordogne, de Cherbourg, de Calais, de Lille, de Roubaix, de Montluçon, de Commentry, de Marseille et de tant d'autres centres, qui sont désormais acquis à la cause socialiste et collectiviste. Sont représentés : 341 syndicats et groupes et 147 villes. D'autres délégués sont annoncés.

Le bureau a été composé du citoyen Bouhenry-Cornet, ancien maire de Romilly et des citoyens Pédron, de Troyes et G. Farjat, de Lyon.

Six secrétaires permanents ont été nommés.

Le Congrès a adopté par acclamations les déclarations d'ordre général affirmant la politique intérieure et extérieure du Parti ouvrier, dont nous donnons plus loin le texte.

En mémoire de Frédéric Engels

Depuis le Congrès des ouvriers textiles à Gand, le Congrès de Romilly est le premier Congrès national qui s'est tenu depuis le deuil qui a frappé les socialistes de tous les pays. On a adopté par acclamations la proposition présentée par Jules Guesde, tendant à arborer le crêpe de deuil sur les drapeaux rouges qui décoraient la salle. Le Congrès a ainsi déploré la perte de celui qui fut, avec avec Karl Marx, le théoricien et le père intellectuel du parti socialiste scientifique, l'auteur du parti communiste, et le fondateur de l'internationale des travailleurs.

MANIFESTATION

en faveur des socialistes allemands.

Après cette manifestation de deuil international, il convenait, d'après la grande devise communiste qui ornait la salle, de faire acte de solidarité avec les socialistes allemands. Ceux-ci pour le vingt-cinquième anniversaire de la bataille de Sedan, quand toute l'Allemagne féodale et bourgeoise célébrait la fête sanglante, restant fidèles à leur passé glorieux, renouvelaient la protestation déjà faite en 1871 par le manifeste de Brunswick, et protestaient contre la guerre et le militarisme, à qui, depuis 1871, ils n'ont accordé « ni un sou ni un soldat ».

C'est cette attestation de solidarité que le Parti ouvrier à Romilly a renvoyée aux camarades allemands.

Le Rapport du Conseil National

La première question à l'ordre du jour portait : Rapport du Conseil national. Après un exposé financier présenté par le citoyen Chauvin, le citoyen Lafargue a établi l'état de la propagande du Conseil pour l'année 94-95. Cette propagande a porté sur 145 villes, dans lesquelles 377 conférences ou réunions ont été faites par 7 membres du Conseil national. Le citoyen Lafargue a montré toute l'importance de cette tactique du parti ouvrier qui attaquait la question par en-bas, par la masse ouvrière ou paysanne, tandis que les autres partis n'attaquent que la surface. Il a de plus indiqué l'importance de la conquête des Conseils cantonaux, qui minent les électeurs du Sénat, cette dernière bastille du régime capitaliste.

Pendant la même année la presse du parti s'est accrue de cinq organes hebdomadaires, de quatre journaux quotidiens et de deux revues mensuelles.

Les élections cantonales, comme l'a prouvé le citoyen Lafargue, ont montré les forces du parti triplées, depuis 1892. Alors qu'il y a trois ans, dans 47 cantons, le parti ouvrier ne réunissait que 66.000 voix, cette année, dans 137 cantons il a groupé plus de 170.000 voix.

A l'unanimité et par acclamations, le Congrès a adopté les rapports des citoyens Lafargue et Chauvin.

Au moment où nous écrivons, différents délégués rendent compte des progrès de l'idée et de la propagande socialiste dans les différentes régions de la France qu'ils représentent. Tous ces rapports concluent à une augmentation de force et d'organisation.

Parmi les délégués, on remarque quatre députés, un conseiller d'arrondissement, un maire, un adjoint et douze conseillers municipaux.

Les adresses des partis socialistes étrangers

Le Congrès a déjà reçu des adresses de félicitations des partis ouvriers espagnols et polonais.

Déclaration du Parti ouvrier français sur la politique intérieure et extérieure.

Le XIIIe congrès national du Parti ouvrier français est heureux de constater les progrès accomplis depuis le dernier congrès de Nantes. L'élection de Gerault-Richard, la fuite de Casimir d'Anzin et les sièges conquis par le socialisme dans les assemblées départementales, ont prouvé, en même temps que l'impuissance des lois d'exception et de réaction, la force croissante du prolétariat organisé.

Le congrès envoie, avec son obole, un salut fraternel aux verriers de Carmaux qui ne défendent pas seulement leur pain, mais les droits politiques et la liberté syndicale de la France ouvrière toute entière. Cette grève, imposée par le bon plaisir d'un seul à près de 1100 familles sous la protection d'un gouvernement complice, est une nouvelle et éclatante démonstration de la nécessité d'exproprier politiquement et économiquement la classe capitaliste. Aucune garantie d'existence, aucune liberté pour les travailleurs, tant qu'ils ne seront pas devenus, sous la forme sociale, les propriétaires des moyens de production ! Rien à attendre des pouvoirs publics aussi longtemps qu'ils ne s'en seront pas emparés !

(Au nom de la France ouvrière et paysanne qui fait tous les frais de la politique dite coloniale — véritable pêche aux millions avec les cadavres de nos soldats et marins, — le congrès proteste contre l'abattoir de Madagascar ajouté à l'abattoir du Tonkin, et il appelle de tous ses vœux l'heure où justice pourra être faite des criminels auteurs de ces meurtrières flibusteries.)

De même qu'il dénonce une fois de plus aux patriotes dignes de ce nom la duperie de la prétendue alliance russe qui nous prend à la fois l'honneur et l'argent, traînant à Kiel la République Française à la remorque de l'Empereur allemand, après avoir, sous prétexte de revanche, pratiqué sur l'épargne nationale, une saignée de plusieurs milliards.

Le Congrès félicite le parti des travailleurs italiens qui malgré les fraudes gouvernementales, en plein état de siège pourrait-on dire, est sorti des dernières élections législatives avec des forces triplées et a été prendre dans les bastilles de Crispi les victimes des derniers conseils de guerre pour en souffleter la monarchie bourgeoise d'Humbert premier et dernier.

Le Congrès adresse l'expression de son admiration au parti ouvrier belge qui après avoir arraché à la bourgeoisie son monopole gouvernemental, a, pour ses débuts, malgré un suffrage des plus ingénieux, conquis au socialisme près du quart de la représentation nationale.

Le congrès enfin crie : merci et bravo aux socialistes d'Outre-Vosges, qui, fidèles au devoir international si héroïquement rempli par eux, en pleine guerre il y a vingt-cinq ans, viennent de se mettre, au péril de leur liberté, en travers des fêtes commémoratives de Sedan, réprouvant à la face de nos vainqueurs le militarisme et la guerre et affirmant, par dessus la frontière, leur solidarité avec les socialistes de France.

Le Parti ouvrier français, qui, lui aussi, veut la paix entre les peuples, sera toujours fier de combattre pour l'affranchissement du travail et de l'Humanité, côte à côte avec la vaillante démocratie socialiste allemande.

Vive l'Internationale !

La salle tout entière a répété le cri de : Vive l'Internationale !

DERNIÈRE HEURE

Romilly, 9 septembre. — Le Congrès national du Parti ouvrier français a voté à l'unanimité une résolution acclamant la paix entre les peuples et chargeant les députés socialistes de saisir la Chambre d'une proposition tendant à réduire par la voie des conventions internationales, graduellement et simultanément, le temps du service actif dans les armées européennes.

Le congrès s'est prononcé pour une entente entre les socialistes de façon à assurer dans les élections, où plusieurs socialistes seraient candidats en même temps, le succès au candidat le plus favorisé.

Mémorial de la Loire
11 septembre

Congrès socialiste

Romilly, 10 septembre. — Le Congrès socialiste a terminé ses travaux par une importante discussion sur les travaux de la « mère ». Le Congrès a ensuite procédé à la nomination d'un Conseil national chargé de fixer la date d'un prochain Congrès.

Il a émis les vœux suivants : Suppression des bureaux de placement ; création de syndicats d'ouvriers féminins.

Le matin, les congressistes ont fait une distribution générale de gâteaux aux enfants de Romilly.

Congrès ouvrier

Dans sa séance de ce matin, le Congrès de Romilly a émis des vœux dont voici les principaux :

Monopolisation par l'Etat des produits pharmaceutiques ; faculté aux communes d'assister les enfants sans pères et de remplir envers eux les devoirs du parent ; abaissement de 28 à 13 jours et de 13 à 4 jours de la période d'instruction des réservistes ; Election par les ouvriers et ouvrières des inspecteurs et inspectrices du travail ; Eligibilité des vieillards indigents ou assistés.

Le Réveil du Nord
12 septembre

Le Congrès de Romilly

XIIIe CONGRÈS NATIONAL DU PARTI OUVRIER

La politique coloniale. — La politique extérieure. — Déclaration en faveur de la paix. — Attitude du Parti dans les élections cantonales

Première journée (suite)

Dimanche soir, à 8 heures, s'est tenue la seconde séance du Congrès. La citoyenne Aline Valette a été nommée présidente, avec Stienne de Roubaix et Mahieu de Cherbourg (le nouveau conseiller d'arrondissement) comme assesseurs. La première question à l'ordre du jour était : la *Politique coloniale*.

Le citoyen Lafargue, dans un discours très applaudi montre la société capitaliste cherchant des débouchés pour sa surproduction, au lieu d'en faire profiter la classe productrice ; les expéditions coloniales, faites à coup de sang ouvrier, n'ont pour but que de favoriser des opérations louches de compagnies financières. Au Tonkin, il s'agissait de conquérir les fameuses pépites; en Tunisie, c'étaient les actions de la banque tunisienne qu'il s'agissait de faire monter; enfin à Madagascar, où on a parlé de mines d'or, s'est jetée l'avidité de Monsieur Suberbie.

La société capitaliste, sous prétexte de civiliser, a ruiné les populations primitives en leur important, en même temps que des marchandises avariées, les maladies européennes. Tout dépend de la façon dont on prononce le mot : civiliser.

Enfin, pour la France, les expéditions coloniales et notamment l'Algérie, ont désorganisé l'armée, l'ont habituée à une guerre barbare et l'ont rendue incapable de se mesurer contre une armée dirigée et menée scientifiquement. Ce sont des bureaux arabes que sont sortis ces généraux si féroces contre les insurgés de 1848 et de 1871 et si incapables devant les prussiens.

Déclaration sur la politique coloniale

(Considérant que la politique coloniale est une des pires formes de l'exploitation capitaliste, qu'elle tend exclusivement à élargir *le champ des profits* de la classe possédante en épuisant de sang et d'argent le prolétariat producteur.

Considérant que ces expéditions entreprises sous prétexte de civilisation et d'honneur national aboutissent à la corruption et à la destruction des populations primitives et déchaînent sur la matière colonisatrice elle-même toute espèce de fléaux (absinthéisme rapporté d'Algérie, généraux de coup d'état et de massacres civils, étiolement et dégénérescence de la race, etc.

Considérant que dans Madagascar annexé après le Tonkin et le Congo, la petite France capitaliste n'a vu et cherché que l'écoulement fructueux de produits de leur travail volés aux travailleurs de France et une nouvelle source de tripotages financiers.

Considérant que la seule façon réellement humaine d'assurer des débouchés à la production mécanique moderne est de supprimer la barrière des classe et de permettre aux producteurs, maîtres sous la forme sociale des moyens de production, de consommer eux-mêmes les richesses sorties de leur activité manuelle et intellectuelle.

Le XIIIe Congrès national du Parti *ouvrier* français s'élève de toutes ses forces contre les flibusteries coloniales pour lesquelles aucun socialiste conscient ne votera jamais un homme ni un sou.)

La politique extérieure

Le second point à l'ordre du jour était *la politique extérieure.*

Au nom du Conseil national, Guesde expose les raisons pour lesquelles le Parti ouvrier français est partisan avant tout de la paix, seul état où puisse se développer et grandir le parti socialiste. Et, en ce moment, tout le monde désire la paix, même les bourgeois, qui, au contraire des expéditions coloniales où l'on envoie les fils des prolétaires, seront obligés de s'exposer au tir des fusils et des canons perfectionnés.

Lafargue montre que tout le monde désire la paix aujourd'hui, car, à la suite de la déclaration d'une guerre, tous les ouvriers, tous les producteurs seraient forcés de partir à la frontière, et il y aurait la famine. Et, ce qui est plus dangereux, c'est qu'en même temps que cette famine éclaterait la révolution.

Le citoyen Planteau, au nom de l'Agglomération parisienne, présente une adresse tendant à une affirmation de solidarité avec tous les prolétariats de l'Europe et au maintien de la paix.

La résolution adoptée par le Congrès est la suivante, présentée par le Conseil national :

(Considérant que la paix est la condition indispensable du développement et du triomphe du socialisme, et qu'à moins d'être un fou ou un criminel on ne saurait même songer à précipiter les unes sur les autres des nations outillées comme elles le sont aujourd'hui pour la mort;

Considérant d'autre part que la paix armée, telle qu'elle devient de plus en plus, écrase la production et conduit l'Europe à la banqueroute;

Le XIIIe Congrès national du Parti ouvrier Français se joint à la démocratie socialiste allemande pour acclamer, comme unique politique extérieure la paix entre les peuples et charge les élus du Parti de saisir la Chambre dès la rentrée d'une proposition de loi tendant à réduire, par voie de conventions internationales, graduellement et simultanément le temps de service actif dans les armées européennes.)

Différents délégués viennent rendre compte de l'état et des progrès du mouvement socialiste. Le citoyen Pédron notamment, fait dans un rapport très applaudi le récit du merveilleux essor de l'idée socialiste dans l'Aube.

Les élections cantonales

La deuxième question à l'ordre du jour, était : *Attitude du Parti dans les élections cantonales.*

Le citoyen Chauvin, député, demande qu'il y ait un programme spécial fait pour les conseils cantonaux, afin qu'il y ait une action spéciale aussi, applicable sur des points et sur un terrain jusqu'ici négligés. Il s'élève contre l'indifférence de certains membres du Parti à l'égard des conseils généraux et d'arrondissement. Il faut que les paysans sachent qu'il y a quelqu'un qui s'occupe d'eux, de leurs intérêts, de leurs routes, et les défende contre l'exploitation des individus, accaparant pour eux tous, les avantages qu'on peut retirer de l'administration.

Le citoyen Delory demande que quelques mois avant l'élection aux Conseils cantonaux chaque groupe envoie une communication au Conseil national de façon qu'on qu'on puisse faire un programme commun, et que partout en même temps on fasse la même proposition, de façon à frapper l'attention publique.

Le citoyen Carnand explique comment il faut agir dans les Conseils généraux, suivant le milieu dans lequel on se trouve, qu'il s'agisse d'un préfet maître absolu de son conseil ou de quelques conseillers dominant le préfet.

Après l'intervention d'un délégué paysan, réclamant dans un discours très applaudi une propagande spéciale et adaptée à l'esprit paysan, le citoyen Guesde, en approuvant fort l'idée émise, propose l'ordre du jour suivant :

Le Congrès décide :

Il y a lieu, pour rendre plus féconde l'action du parti dans les assemblées départementales, de combiner cette action et de la nationaliser.

A cet effet, il invite les groupes du parti deux mois avant l'ouverture des Conseils généraux et d'arrondissement, à soumettre au Conseil général, pour les unifier, les propositions ou les vœux à présenter par ses élus. Le Congrès décide en outre :

Que toutes les revendications immédiates inscrites au programme du Parti doivent être dans un but de propagande, transformés en projets et vœux dont seront saisies les assemblées départementales.

DERNIÈRE HEURE

La journée de mardi

Romilly, 10 septembre. — Le congrès a dans sa séance de ce matin, émis de nombreux vœux, dont voici les principaux :

Monopolisation par l'État des produits pharmaceutiques ;

Facilité laissée aux communes d'adopter les enfants sans père et de remplir envers eux le devoir des parents ;

Abaissement de vingt-huit à treize et de treize à 4 jours des périodes d'instruction des réservistes ;

Election par les ouvriers et ouvrières des inspecteurs et inspectrices du travail ;

Eligibilité des vieillards indigents ou assistés.

Le Congrès a décidé d'ouvrir une campagne d'agitation, en vue d'établir une loi rendant obligatoire, pour les ouvriers de même métier, syndiqués ou non, la décision de la Chambre syndicale, en matière des tarifs des salaires et des conditions du travail.

Débats

12 Septembre [illegible]

BULLETIN

FRANCE

Le cycle guesdiste

Dé braves gens qui seront un peu étonnés, s'ils lisent les journaux, en ce moment, ce seront d'abord les bons pêcheurs bretons, les gars qui servent la République dans la marine ou qui font le quart sur un caboteur : ils y apprendront qu'un Congrès socialiste a découvert le moyen d'améliorer leur sort, dont ils ne se plaignent guère, du reste, étant, de naissance, les hommes du devoir. C'est à Romilly, pays de bonnetiers, qu'a été projetée, exposée, sinon accomplie, cette réforme de l'état de marin. Le Congrès a tout prévu : pension de retraite, fixation du nombre d'heures de présence sur le pont et devant les feux, suppression des tribunaux maritimes et même « obligation d'un jour de repos complet par semaine ». Voilà une dernière précaution qui dénote des esprits réellement pratiques ! Le mathurin chômera donc si la bise souffle? Rassurez-vous : le Congrès y a paré; il a fait suivre son ukase de cette correction : « Sauf le cas de force majeure ». C'est ainsi que le socialisme et les éléments se combinent et s'entendent. Dans tous les ports, les matelots légendaires peuvent mettre toutes voiles au vent, dans les cabarets : ils sont bien heureux ; le Congrès de Romilly les protège!

Et, après les inscrits maritimes, combien d'autres catégories de citoyens ont lieu de se réjouir de cette sollicitude des congressistes. Personne n'a été oublié dans la distribution des vœux. On a songé aux pharmaciens, par exemple, en leur faisant entendre qu'il est désirable que l'Etat monopolise la fabrication des drogues; c'est la suite d'une campagne qui, comme on sait, a été entreprise par les socialistes à Roubaix et à laquelle l'administration a dû couper court, parce qu'elle la trouvait, à bon droit, aussi injuste que peu motivée.

Le Congrès a songé aussi aux vieillards assistés et indigents. La première idée qui, à ce sujet, se présenterait à l'esprit d'un « bourgeois », serait d'accorder un surcroît de soins à ces vieillards. Le Congrès a d'autres préoccupations : il veut leur donner l'*éligibilité*, c'est-à-dire le droit de faire partie d'Assemblées aussi choisies que celles de Romilly, Marseille, etc.

Les malheureux aimeraient certainement mieux, chaque midi, une topette de vin, mais le Congrès s'occupe de l'âme plus que du corps. De même pour les enfants : le Congrès veut accorder aux communes le droit d'adopter des « enfants sans père » à condition de remplir toutes les charges afférentes à ce rôle. Dans certains cas, les éducations de ces orphelins seraient bien dirigées!

Quoi encore? Le Congrès a étendu la main vers les réservistes et il a souhaité que la période de leurs fatigues fût diminuée et transformée en de petits exercices variant de quatre à treize jours. Et nous ne sommes pas au bout de cette tâche si énergiquement entreprise et achevée par le Congrès en trois jours. On a vu, dans nos correspondances, que le temps nécessaire a été consacré à la flétrissure du capital, à la proclamation de l'internationalisme, à la répudiation des aventures coloniales, à l'organisation du Parti... C'est un cycle de toutes les connaissances humaines que ces congressistes ont parcouru, avec une égale largeur de vue et une égale abondance d'ordres du jour.

Qu'on n'en soit pas surpris et qu'on ne conçoive pas trop d'admiration pour une telle activité d'esprit chez des socialistes qui pourraient être pris pour la masse du parti : ce Congrès de Romilly n'est qu'un Congrès guesdiste. C'est M. Guesde et M. Paul Lafargue, avec un tout petit noyau d'amis, qui ont préparé, dirigé ces Assises du prolétariat. Ils y ont transformé en vœux très verbeux les fruits de leurs lectures de cet hiver; c'est de la « copie » d'encyclopédie socialiste qui n'a point été placée.

Le Congrès de Romilly

Romilly-sur-Seine, le 11 septembre.

Hier se sont tenues les deux dernières séances du 13e Congrès national du Parti ouvrier français, qui s'est clôturé par une grande réunion publique.

Les questions qui ont été agitées dans ces dernières séances sont :

1° Les Syndicats obligatoires;

2° Les questions diverses (renouvellement du Conseil national, administration intérieure, etc.);

3° Les inscrits maritimes.

Sur la question des Syndicats obligatoires et après rapport présenté, au nom du Conseil national, par M. Jules Guesde, la motion suivante est adoptée à l'unanimité :

« Le 13e Congrès national du Parti ouvrier français décide :

» Qu'il y a lieu d'ouvrir une campagne en vue d'une loi rendant obligatoires pour tous les ouvriers d'une même corporation, sans distinction de syndiqués et de non-syndiqués, les décisions de la chambre syndicale en matière de salaires et de toutes les conditions du travail. »

Cette question vidée, le Congrès aborde une série de propositions diverses, non portées à l'ordre du jour, mais formulées par les différents délégués présents.

Mme Aline Valette présente un assez long rapport sur le travail des femmes dans l'industrie moderne.

« Dans presque toutes les branches de la production, — est-il dit dans ce rapport, — la femme, poussée par les nécessités économiques, a été projetée du foyer dans l'atelier et dans l'usine... Qu'elle consente à ouvrir les yeux, et la femme se rendra compte que, si elle a été, jusqu'à ce jour, la patiente, l'exploitée, elle peut et doit, dès maintenant, changer de rôle, et, avec ses frères de misère, entrer bravement dans la lutte, la force qu'elle représente, pour être anonyme, n'en étant pas moins une force avec laquelle il faudra compter dès que les travailleuses auront compris que, pour elles, elles ont, en même temps que le nombre, le droit. »

Comme sanction au rapport de Mme Aline Valette, le Congrès adopte la résolution suivante :

« Considérant que la femme est aujourd'hui *industrialisée* au même titre que l'homme ;

» Que cette industrialisation a donné naissance à un prolétariat féminin qui, dès cette heure, constitue une force croissante, puisque, de plus en plus, elle devient le nombre ;

» Que, par suite, il importe, dans l'intérêt de la femme, c'est-à-dire de l'espèce, et du socialisme, d'organiser cette force ;

» Le 13e Congrès national du Parti ouvrier invite tous les délégués présent à aider de tous leurs efforts à l'organisation syndicale et fédérative des travailleuses. »

Sur la proposition de MM. Mahieu et V. Landrin, délégués des groupes socialistes de Cherbourg, le Congrès décide de prendre en considération les revendications des ouvriers et employés des arsenaux et établissements maritimes et donne mandat aux élus du Parti ouvrier français de transformer ces revendications en propositions de loi qui seront soumises au Parlement.

Sur la proposition du citoyen Bernard, rédacteur au *Socialiste*, le Congrès prend en considération et renvoie à l'étude du Conseil national une motion concernant les enfants naturels et tendante à les faire adopter par la collectivité représentée par la commune. « Si ce n'est pas là, dit l'auteur de la motion, du communisme proprement dit, c'est-à-dire l'idéal d'une société organisée et en pleine maturité, ce serait au moins un peu de l'avenir qu'on enfoncerait comme un coin dans une des fissures de la société présente. »

Un délégué parisien soulève la question de la « revision de la Constitution et de la législation directe par le peuple », proposée par la fraction socialiste-blanquiste. A l'unanimité, le Congrès se prononce contre la revision directe par le peuple. M. Jules Guesde motive ainsi ce refus : « Le peuple, qui est l'ensemble de la nation, se compose de deux classes en présence et en lutte : la classe prolétarienne et la classe capitaliste. Or, nous voulons la revision politique et économique, c'est-à-dire la révolution sociale, opérée contre la classe capitaliste par la classe ouvrière organisée. »

Relativement au Congrès ouvrier socialiste international qui doit se tenir, en août 1896, à Londres, le Congrès de Romilly donne mandat au Conseil national de représenter le Parti ouvrier français à Londres. Cela, indépendamment des autres délégués qui pourront être envoyés à Londres par les groupes des différentes villes et les Fédérations régionales.

Sur la proposition de M. René Chauvin, chargé de l'administration générale du Parti, de la bibliothèque et du Conseil national, le Congrès décide que, tous les trois mois, un rapport sera expédié au Conseil national par chaque groupe, Syndicat ou Fédération, pour lui faire connaître : 1° le nombre des réunions et des conférences organisées ; 2° les conflits principaux qui ont surgi entre les travailleurs et leurs employeurs ; 3° le prix moyen des salaires pour les ouvriers des deux sexes ; 4° le nombre des adhérents aux groupes et la situation financière de ces groupes.

Le Congrès procède au renouvellement de son Conseil national. MM. Jules Guesde, Chauvin, Paul Lafargue, Zévaès, Ferroul, Carnaud, Dereure, Prévost, Roussel et Mme Aline Valette sont réélus par acclamations. MM. Manssa et Edouard Fortin sont élus en remplacement de MM. Jourde, député, et Crépin, démissionnaires.

Ces questions diverses épuisées, le Congrès a abordé la dernière question portée à son ordre du jour : « Les inscrits maritimes ; pêcheurs et marins de commerce ; enquête et projet de programme. »

Dès le mois de juin, le Conseil national avait adressé aux différents Syndicats de marins un questionnaire de 25 questions, relatif à la petite pêche, à la grande pêche et à la situation des marins de commerce. C'est sur les réponses envoyées au Congrès par les groupes socialistes et Syndicats de Dunkerque, Calais, Boulogne, Cherbourg, Lorient, Rochefort, Bordeaux, Fouras, Cette, Marseille, etc., que s'est engagée la discussion au Congrès, discussion à laquelle ont pris part MM. Carnaud, Chauvin, Guesde, députés ; Paul Lafargue, Mahieu, Corgeron, Monteux, secrétaire général de la Fédération des inscrits maritimes de France, etc., etc.

Le Congrès adopte les résolutions suivantes :

1° Minimum de pension de retraite pour les inscrits maritimes de toutes professions, porté à 600 fr., au moyen d'un impôt spécial sur les armateurs et les Compagnies de navigation ;

2° Création d'un Conseil du travail maritime élu par les Syndicats des marins de commerce et pêcheurs ;

3° Douze heures de travail sur le pont et huit heures par vingt-quatre heures dans les soutes, avec repos hebdomadaire de vingt-quatre heures, sauf le cas de force majeure ;

4° Minimum de salaire fixé par les inscrits maritimes dans leur Congrès de Paris de 1893 : 90 fr. sur le pont ; 100 fr. dans les soutes et 120 fr. devant les feux ;

5° Création de Conseils de prud'hommes maritimes ;

6° Exercice des droits politiques des marins ;

7° Suppression des tribunaux maritimes et retour au droit commun pour les travailleurs de la mer.

Le Congrès renvoie à l'étude du Conseil national le soin de compléter par des revendications nouvelles le programme maritime.

Les travaux du Congrès sont clos.

M. Carnaud, député, prononce une allocution où il se félicite du nombre des délégués présents et de l'unanimité avec laquelle ont été prises les résolutions.

M. Guesde remercie les socialistes de Romilly qui ont organisé le Congrès.

Au nom des marins socialistes, M. Monteux remercie le Parti ouvrier français d'avoir pris en main la cause des travailleurs de la mer.

A huit heures et demie a eu lieu au théâtre municipal, pour la clôture du Congrès, une grande conférence publique, à laquelle assistaient environ 1,500 personnes.

M. Carnaud, député des Bouches-du-Rhône, prenant le premier la parole, a salué les socialistes roumillons au nom du Conseil national du Parti ouvrier.

M. Roussel, de l'Agglomération parisienne, a engagé les travailleurs à doubler l'organisation corporative et syndicale de l'organisation politique et socialiste.

M. Alexandre Zévaès a retracé les progrès du socialisme depuis la « fugue » de « Casimir d'Anzin ».

M. Paul Lafargue, ancien député de Lille, a, dans un langage humoristique, préconisé l'expropriation politique et économique de la classe capitaliste.

M. René Chauvin, député, a invité tous les socialistes à se solidariser avec les verriers de Carmaux, « en lutte contre l'exploitation capitaliste ».

M. Sauvanet, député de Montluçon, déclare qu'il faut aujourd'hui choisir entre deux politiques : la politique du *statu quo* ou du retour en arrière, et la politique des réformes, c'est-à-dire la politique socialiste.

La réunion s'est terminée par le vote d'un ordre du jour, « ratifiant les résolutions du

Congrès, approuvant le programme et la tactique du Parti ouvrier français et saluant fraternellement les verriers carmausins ».

Une quête est faite au profit de ces derniers et la séance est levée aux cris de : « Vive la sociale ! »

M. Jules Guesde s'est trouvé mal pendant la séance.

Demain s'ouvre à Romilly le Congrès de la jeunesse socialiste ; il durera un jour.

Le Siècle
12 Septembre

SOCIALISTES

ET ÉLECTIONS MUNICIPALES

Les délégués du parti ouvrier français, réunis en congrès à Romilly, avaient inscrit, à l'ordre du jour de leurs travaux, entre autres questions, la suivante : *Les élections municipales de 1896.* Cette question a provoqué des débats très animés, clôturés par le vote de la résolution suivante, citée dans le *Siècle* du 10 septembre et qu'il n'est pas sans intérêt de reproduire :

Le Congrès constate avec joie, d'après les rapports des délégués des différentes régions, que les élections municipales se présentent dans les meilleures conditions pour le Parti ouvrier français, certains départements devant donner au Parti jusqu'à 50 municipalités socialistes.

Il décide que, partout où il sera possible de trouver des camarades, assez indépendants pour accepter la candidature, la lutte sera engagée par le Parti, même là où il n'y aurait pas à compter sur des résultats immédiats.

Dans les quelques localités où il existe d'autres fractions socialistes, il y aura lieu, dans l'intérêt de la cause commune et pour amener la défaite complète de la réaction capitaliste, à une entente préalable entre le Parti ouvrier et ses fractions, pour ne maintenir, au second tour, que le candidat socialiste le plus favorisé.

Les socialistes, on le voit, sont décidés à mettre tout en œuvre pour gagner du terrain aux prochaines élections municipales. D'ores et déjà, ils préparent ces élections.

Comme nous le disions hier, les socialistes sont organisés. Leurs divisions sont plus apparentes que réelles. C'est ce dont bien des républicains ne semblent pas se douter. Il faudrait, cependant, qu'ils se décidassent à ouvrir les yeux, à se grouper, à agir. Un an à peine nous sépare des élections municipales. Il n'est pas trop tôt pour que les républicains réorganisent leurs forces et commencent leur action contre le parti révolutionnaire. — R. V.

La Gironde
12 Septembre

BORDEAUX, 11 SEPTEMBRE

Congrès Socialiste

Les Congrès socialistes se suivent et se ressemblent. Les résolutions votées avant-hier et hier au Congrès de Romilly sont la reproduction quasi littérale des décisions prises par les Congrès précédents. Il n'en faudrait pas conclure cependant que ces réunions répétées sont sans importance. C'est précisément parce que dans tous leurs Congrès les révolutionnaires expriment les mêmes vœux, formulent les mêmes revendications qu'ils risquent, si nous n'y prenons garde, d'arriver à des résultats désastreux pour la liberté. En frappant sur les clous on les enfonce. Les socialistes frappent infatigablement sur les mêmes clous depuis des années. Ce n'est point une maladroite tactique.

Elle est pourtant facile à déjouer, si nous le voulons. Il suffit que, sans nous lasser, nous réfutions leur affirmations erronées aussi souvent qu'ils les produisent. Il suffit que chaque fois qu'ils votent une décision absurde ou funeste, nous démontrions qu'en effet ce qu'ils demandent est déraisonnable et dangereux. La démonstration sera, dans la plupart des cas, très facile.

Ainsi, le Congrès de Romilly émet à l'unanimité le vœu suivant : « Le Congrès est d'avis qu'il y a lieu d'ouvrir une campagne d'agitation en vue d'amener le vote d'une loi rendant obligatoire pour tous les ouvriers d'un même métier, syndiqués ou non, les décisions prises par la Chambre syndicale en matière de tarifs, salaires ou autres conditions du travail. » Est-il difficile de démontrer que, sous prétexte de garantir la liberté syndicale, les socialistes ne tendent à rien moins qu'à soumettre tous les ouvriers, même non syndiqués, à la tyrannie syndicale et à supprimer la liberté du travail ?

Et de même, lorsque le Congrès réclame l'élection par les ouvriers et ouvrières des inspecteurs et inspectrices du travail, n'est-il pas évident que les socialistes cherchent une arme nouvelle pour continuer la lutte des classes ? Ils voudraient que les inspecteurs du travail fussent les créatures de leurs comités et de leurs groupes, obligés d'obéir à leurs mots d'ordre, et se faisant contre les patrons les instruments dociles des rancunes révolutionnaires.

Déjà les socialistes ont essayé de s'emparer des Conseils de prud'hommes; ils ont élu des conseillers avec mandat de toujours condamner les patrons. Ils voudraient maintenant créer des inspecteurs du travail qui, à tout propos et hors de propos, dresseraient aux patrons des procès-verbaux. Les socialistes ne voient pas que toutes ces mesures de persécution prises contre les industriels ne tarderaient pas à ruiner complètement toutes nos industries. La haine aveugle autant que l'avarice, et ils veulent, en somme, imprudemment tuer aussi la poule aux œufs d'or.

Mais le Congrès de Romilly — et d'une façon plus générale, les Congrès socialistes — ne formulent pas seulement des revendications dangereuses au point de vue économique et social. Leurs vœux, s'ils étaient écoutés, menaceraient même la sécurité de la patrie. Sans doute, ils ne demandent plus, comme dans leurs programmes primitifs, l'abolition des armées permanentes. Mais ils veulent qu'on diminue graduellement le nombre des troupes et aussi qu'on réduise la durée des périodes d'exercices imposées aux réservistes. Etrange prétention que celle de ces hommes, dont l'incompétence est évidente, et qui tranchent les questions militaires! Et nous pouvons d'autant moins excuser leur audace qu'ils ne craignent pas d'affirmer, dans leurs moments de franchise, leurs sentiments internationalistes et se posent en antipatriotes déterminés.

Les socialistes froissent donc le patriotisme de tous les Français en même temps qu'ils compromettent les intérêts des patrons et des ouvriers. Nous le disons souvent. Il faut le répéter encore et opposer incessamment à la propagande socialiste la propagande libérale et patriotique.

La Presse
12 Septembre 189[illegible]

LE CONGRÈS DE ROMILLY

Romilly-sur-Seine, 11 septembre. — Le congrès du Parti ouvrier s'est occupé dans les trois séances d'hier des questions suivantes : 1° Syndicats obligatoires; 2° Renouvellement du conseil national et administration intérieure du Parti; 3° Situation de la femme dans l'industrie; 4° Les ouvriers des arsenaux; 5° Les inscrits maritimes.

Sur la première question, le congrès, à l'unanimité, décide qu'il y a lieu d'ouvrir une campagne en vue d'une loi rendant obligatoires pour tous les ouvriers d'un même métier, sans distinction de syndiqués ou de non-syndiqués, les décisions de la chambre syndicale en matière de salaire et de conditions du travail.

A l'Université, le congrès élit membres du conseil national du parti, pour l'exercice 1895-96, MM. Carnaud, Chauvin, Ferroul, Guesde, Lafargue, Dereure, Zévaès, Roussel, Prévost, Maussa, Fortin et Mme Aline Valette.

Sur la proposition de M. René Chauvin, le congrès décide que, tout les trois mois, un rapport doit être adressé au conseil national par les secrétaires de tout groupe et de toute fédération du parti, rapport établissant le nombre des adhérents, la situation financière des groupes, les conflits survenus entre travailleurs et employeurs, le salaire moyen des ouvriers des deux sexes, etc.

Sur la question de la situation de la femme dans l'industrie mécanique moderne, Mme Aline Valette présente un rapport très documenté, dans lequel elle montre que la proportion des femmes employées dans les usines et manufactures grandit d'année en année. Elle propose la résolution suivante, qui est acceptée à l'unanimité :

« Considérant que la femme est aujourd'hui industrialisée au même titre que l'homme; que cette industrialisation a donné naissance à un prolétariat féminin qui, dès cette heure, constitue une force croissante; que, par suite, il importe, dans l'intérêt de la femme et du socialisme, d'organiser cette force;

« Le 13° Congrès national du Parti ouvrier invite tous les délégués présents à aider de tous leurs efforts à l'organisation syndicale et fédérative des travailleuses. »

Sur la proposition de MM. Albert Mahieu et V. Landrin, délégués des groupes socialistes de Cherbourg, le congrès décide de prendre en considération les revendications des ouvriers et employés des arsenaux et établissements maritimes et donne mandat aux élus du parti ouvrier de transformer ces revendications en propositions qui seront soumises au Parlement.

Le congrès aborde enfin la question des inscrits maritimes et adopte, comme premières bases d'un programme maritime, les revendications essentielles suivantes :

1° Minimum de pension de retraite pour les inscrits maritimes de toutes professions, porté à 600 francs, au moyen d'un impôt spécial sur les armateurs et les compagnies de navigation;

2° Création d'un conseil du travail maritime élu par les syndicats des marins de commerce et pêcheurs;

3° Douze heures de travail sur le pont et huit heures par vingt-quatre heures dans les soutes, avec repos hebdomadaire de vingt-quatre heures, sauf le cas de force majeure;

4° Minimum de salaire fixé par les inscrits maritimes dans leur congrès de Paris (1893), 90 francs sur le pont; 100 francs dans les soutes et 120 francs devant les feux;

5° Exercice des droits politiques des marins;

6° Création des conseils de prud'hommes maritimes;

7° Suppression des tribunaux maritimes et retour au droit commun pour les travailleurs de la mer.

Le congrès renvoie à l'étude du conseil national le soin de compléter par des revendications nouvelles le programme maritime.

Les travaux du congrès sont alors clos. M. Carnaud prononce une allocution où il se félicite du calme qui a présidé aux séances du congrès et de l'unanimité avec laquelle toutes ses décisions ont été prises.

M. Jules Guesde adresse les remerciements du Parti ouvrier aux socialistes de Romilly qui ont organisé le congrès.

A huit heures du soir s'est tenue, salle du Théâtre, une grande conférence publique sur les résolutions du congrès et la grève de Carmaux. MM. Carnaud, Chauvin, Sauvanet, députés, A. Zévaès, Roussel, Pédron, etc., ont pris tour à tour la parole. A l'unanimité, la réunion a voté un ordre du jour, « ratifiant les résolutions du congrès, approuvant le programme du Parti ouvrier français et félicitant les verriers carmausins. »

Aujourd'hui s'ouvre le congrès de la jeunesse socialiste. Il durera un jour.

La Patrie
12 Septembre 189[illegible]

La Cocarde,
12 Septembre, 189[illegible]

Le Congrès du Parti ouvrier

Troyes, 10 septembre.

Le congrès de Romilly a décidé que les élus du parti dans les conseils municipaux auraient à transmettre au conseil national les mesures proposées ou adoptées en exécution du programme municipal du parti.

Le congrès proteste contre la gratuité des fonctions électives, attentatoire, comme le cens autrefois, à la souveraineté nationale.

Le congrès décide d'ouvrir une campagne d'agitation en vue de la loi rendant obligatoires, pour les ouvriers du même métier syndiqués ou non, les décisions de la chambre syndicale en matière de tarifs de salaires et de conditions du travail.

Le conseil national, composé de MM. Guesde, Lafargue, Chauvin, Prévôt, Roussel, Zevaes, Ferroul, Derenne, Alice, Valette, Moussa et Forjin, décide que le parti ouvrier sera représenté à Londres, au congrès international de 1896, par le conseil national.

Romilly, 10 septembre.

Le congrès national du parti ouvrier français a émis un vœu, à la suite de la proposition déposée à la Chambre par le groupe socialiste, tendant à obtenir l'élection, par les ouvriers et ouvrières, des inspecteurs et inspectrices du travail.

Le Congrès national est chargé de préparer une loi qui sera présentée pour supprimer l'inéligibilité des vieillards assistés ou indigents.

Le Congrès, considérant que le nombre des femmes employées dans l'industrie croit chaque jour, invite les délégués, aussitôt rentrés dans leurs groupes respectifs, à travailler à l'organisation des groupes ouvriers.

Le Congrès a émis un vœu tendant à ce que l'Etat monopolise la fabrication des produits pharmaceutiques; un autre vœu demandant que l'Etat accorde aux communes la faculté d'adopter des enfants sans pères, à conditions pour elles de remplir toutes les charges afférentes au rôle de père.

Le congrès a adopté un dernier vœu ainsi conçu :

Le congrès décide d'élaborer un projet de loi tendant à réduire de 28 à 13 jours et de 13 à 4 jours les périodes d'instruction des réservistes.

Dans sa séance de l'après-midi le congrès a voté différents vœux relatifs aux travaux dans les Compagnies de navigation.

Chapelles socialistes

Le parti guesdiste tient en ce moment un congrès à Romilly. Les lumières de cette assemblée seront quatre députés : MM. Jules Guesde, Chauvin, Carnaud, Sauvanet. C'est donc de ces quatre députés que se compose le sous-groupe guesdiste qui se confond au Palais-Bourbon dans le groupe d'union socialiste. Ce qu'on a dit dans la première séance du congrès de Romilly ne diffère pas de ce qu'on aurait pu dire dans une autre réunion révolutionnaire qui se serait tenue sous le couvert d'une autre étiquette et sous le patronage d'autres demi-dieux. On n'a pas aperçu, dans cette séance de congrès, pourquoi les guesdistes font bande à part. Comme eux, les autres partis socialistes auraient félicité les ouvriers de Carmaux. Ils auraient envoyé le même salut amical aux socialistes belges, italiens, allemands ; ils auraient condamné avec la même énergie l'alliance russe et la politique générale du gouvernement actuel. Enfin, ils ne se seraient pas fait faute de célébrer les progrès de l'idée socialiste et ils auraient affirmé avec la même assurance tranquille que la victoire révolutionnaire est certaine et imminente.

Pourquoi donc les socialistes guesdistes se sont-ils cantonnés dans leur isolement pour proclamer toutes ces banalités et tous ces lieux communs de la propagande révolutionnaire ? C'est que, si l'on est d'accord sur quelques vagues principes dans le parti socialiste, on n'aime pas aller à la bataille en obéissant à des chefs qui sortiraient d'une école voisine. C'est à force de diplomatie et de concessions que MM. Millerand et Jaurès — deux bourgeois ! — ont maintenu jusqu'à présent quelque discipline apparente dans les rangs de leurs " amis ". A voir la difficulté qu'ils ont rencontrée dans cette tâche, on se demande ce qu'il adviendrait du parti socialiste après une victoire, puisque dans l'opposition déjà il laisse deviner tant de rivalités irréductibles.

Nous avons précisément sous les yeux le numéro du *Parti ouvrier* journal " allemaniste ", où l'on rendait compte de la réunion tenu à Tivoli en faveur des ouvriers de Carmaux. Il y a, dans ce compte-rendu, peu de bienveillance pour M. Jaurès, que l'on désigne assez dédaigneusement sous le nom de " leader des socialistes *théoriciens* ". Les bourgeois ne sont pas seuls, comme on voit, à penser que M. Jaurès aime vraiment beaucoup l'éloquence et la rhétorique. Le rédacteur du *Parti ouvrier* ne s'en tient pas à cette discrète critique. Il insinue que les organisateurs du meeting de Tivoli avaient le souci d'avoir une " bonne presse ", c'est-à-dire une excellente réclame. Aussi, l'on admettait sur l'estrade " les membres de la presse, les vétérans de la boulange et quelques dames outrageusement fardées et musquées ". Le rédacteur du *Figaro*, le rédacteur du *Soleil* étaient — selon le *Parti ouvrier* — accueillis avec force salamalecs par les organisateurs du meeting Jaurès ; et, pendant qu'on ouvrait les bras aux publicistes conservateurs, le *Parti ouvrier* et le *Peuple de Lyon*, journaux socialistes, étaient repoussés.

Il résulte de tout cela que, si le meeting de Tivoli a eu une " bonne presse ", tout comme un vaudeville bien lancé, ce n'est pas la faute du *Parti ouvrier*. Voici, d'ailleurs, de quelle aimable façon, le journal allemaniste rend compte des ovations qui (d'après le témoignage impartial de notre propre rédacteur) furent prodigués à M. Jaurès. Nous citons le *Parti ouvrier* : " Jaurès paraît à la tribune. Vive Jaurès ! s'écrie *un* électeur enthousiaste. Vive la Sociale ! Vive la grève générale ! riposte *la foule*. " Vous ne pouvez manquer de goûter toute la saveur de cette opposition : *un* électeur acclamant M. Jaurès ; *la foule* ripostant ensuite. Dans tous les partis, sonne fatalement, hélas !

l'heure des dissensions, de l'ingratitude et de l'ostracisme. Mais on dirait que dans les partis extrêmes — et plus ils sont *avancés* — l'heure vient plus vite et plus implacable.

Débats
19 Septembre 1891

Une des revendications ouvrières à laquelle les chefs du parti socialiste tiennent le plus est celle relative à la domination absolue et obligatoire des syndicats. Cette préoccupation vient de se faire jour de nouveau au Congrès de Romilly. Les représentants du Parti ouvrier ont voté la résolution suivante : « Qu'il y a » lieu d'ouvrir une campagne en vue d'une loi » rendant obligatoire pour tous les ouvriers » d'une même corporation, sans distinction de » syndiqués et de non syndiqués, les décisions » de la chambre syndicale en matière de sa- » laires et de toutes les conditions du travail. » Sous un gouvernement qui aurait quelque notion de la liberté du travail, et avec un Parlement décidé à respecter les droits de tous les citoyens, une pareille motion n'aurait qu'un intérêt absolument secondaire, parce qu'on saurait qu'elle n'entrera jamais dans la pratique : elle serait simplement l'indication d'un singulier état d'esprit d'une partie de la classe ouvrière. Mais il n'en est pas malheureusement ainsi. Rien ne nous dit qu'il ne se trouvera pas un ministre pour faire sienne cette proposition à la prochaine session et une Chambre pour la voter.

Nous voulons cependant espérer que, quelque fondés que soient les socialistes à compter sur les complaisances intéressées des radicaux de gouvernement, ils pourraient bien cependant attendre longtemps encore la loi de leur rêve. Il en sera très probablement de la motion du Congrès de Romilly comme de la proposition de loi de M. Bovier-Lapierre. On se rappelle que cette proposition a pour objet de punir de l'amende et de la prison les patrons qui renverraient ou se refuseraient à accepter les services d'un ouvrier appartenant à un syndicat. A plusieurs reprises cette proposition est venue devant le Parlement où elle a d'ailleurs rencontré l'appui chaleureux d'un ministre et l'adhésion de la majorité de la Chambre. Au Sénat, malgré les efforts du gouvernement, son succès a été contraire. Mais son auteur ne s'est pas découragé, il a maintenu sa motion et il n'a jamais manqué l'occasion de défendre ses idées. On peut donc s'attendre à ce que la campagne que recommandent les chefs du parti socialiste soit menée concurremment avec celle que dirige M. Bovier-Lapierre, soutenu par la commission du travail. On voit quelle serait la situation des patrons si ces efforts combinés venaient à aboutir : d'une part, il leur serait absolument interdit de congédier un ouvrier couvert par l'investiture syndicale et, d'autre part, ils seraient obligés de subir les salaires que les syndicats voudraient bien leur imposer. Dans les deux hypothèses, ce serait pour eux la ruine et la prison à brève échéance. Il est permis de douter que cette perspective soit faite pour hâter le développement de notre puissance industrielle et assurer une ère de prospérité aux travailleurs.

Le Petit Républicain
Troyes
12 Septembre

Epilogue d'un Congrès

« Les injures sont les raisons de ceux qui ont tort », a dit Jean-Jacques Rousseau. Il ne pouvait mieux qualifier, sans s'en douter, le langage que tenaient mardi à Romilly, pour terminer dignement leur congrès, les apôtres du socialisme.

Certains d'entre eux se sont, en effet, acharnés sur l'homme qu'on considère, dans le parti républicain tout entier, comme la personnification de l'honneur et de la probité.

C'est dire que nous ne nous arrêterons pas à ce qui a été dit ; ce serait attacher trop d'importance à des calomnies à l'usage des inconscients.

Nous ne nous attacherons pas davantage aux déclamations incohérentes de toute la théorie d'orateurs plus ou moins connus qui se sont succédé, trois heures durant, à la tribune, escomptant à l'avance les succès du parti socialiste dans l'Aube et cherchant à ranimer le courage des frères et amis terrifiés, battu en brèche par les élections au Conseil d'arrondissement. S'il y a eu, en effet, à Romilly un moment d'égarement, nos concitoyens se sont vite ressaisis et ont rappelé par des chiffres indiscutables à ceux qui rêvent de tout bouleverser, qu'ils ont encore à compter avec les hommes d'ordre.

Samedi, à Troyes, on élevait M. Pédron sur le pavois et l'on en faisait un demi-dieu ; mardi à Romilly on transformait M. Bouhenry en martyr du devoir. C'eut été touchant si ce n'avait été grotesque.

A Troyes, on traitait le *Petit Républicain* d'organe reptilien ; à Romilly, on a dit qu'il démentirait le lendemain le succès socialiste de la ville. En vérité ! de quel succès parle-t-on ? Est-ce toujours de la défaite du triumvirat Millet-Bouhenry-Massez ?... Alors on se contente de peu chez nos adversaires politiques !

En somme, il n'y a guère que deux choses à relever dans la réunion publique à laquelle nous faisons allusion : une indisposition subite de M. Jules Guesde et la collecte au profit des grévistes de Carmaux. Quant à la distribution de gâteaux faite quelques heures auparavant aux enfants des écoles par la citoyenne Valette, elle indique qu'on connaît ses auteurs dans le monde socialiste :

L'homme ici ne croit plus qu'aux choses que l'on touche
Au pain qu'on mange, au vin qui parfume la bouche.

On monte le coup aux hommes en leur faisant entrevoir un état social idéal ; quant à la jeune génération on la bourre de friandises pour la mieux préparer aux boniments de l'avenir.

Election d'un adjoint

Romilly. — Le second adjoint M. Vuillemin passant premier par suite de la démission de son collègue M. Despois, M. Bouhenry-Gornet vient d'être élu 2e adjoint. On lui devait bien cela !...

L'Avenir (Lorient) 12 Septembre 189[illegible]

Romilly

LES MARINS DE COMMERCE

Le congrès national ouvrier réuni à Romilly a adopté les vœux suivants :

Minimum de la pension de retraite pour les inscrits maritimes de toutes professions porté à 600 frs, au moyen d'un impôt spécial sur les armateurs et les compagnies de navigation ; création d'un conseil de travail maritime élu par des syndicats de marins du commerce et pêcheurs ; réglementation du temps de travail : 12 heures par jour, 4 h. sur le pont et 8 heures devant les feux ; un jour de repos complet par semaine, sauf cas de force majeure (ce vœu a déjà été adopté au congrès maritime de 1893) ; minimum des salaires : 90 frs sur le pont, 100 francs dans les soutes et 120 frs devant les feux ; la sécurité garantie par un maximum de chargement, de vitesse et d'équipage, d'après la jauge du navire et la force des machines, par l'inspection des navires, au départ, par les prudhommes maritimes, et par l'assurance obligatoire du personnel ; suppression des tribunaux maritimes et retour au droit commun pour les travailleurs de la mer.

Lyon Républicain 12 Septembre 189[illegible]

LE CONGRÈS DE ROMILLY

M. Jules Guesde et ses amis sont en train de tuer singulièrement le temps. Par ces températures tropicales, ils ont de bien étranges façons de perdre les journées. Il est vrai que c'est le moment des vacances. Malheureusement, ils font assez perdre des journées à de braves et naïfs travailleurs, qui se dérangent pour les entendre discuter gravement des sottises et des billevesées. Ces ouvriers du congrès de Romilly ne sont pas des députés, et leur salaire ne court pas, tandis que le congrès marche.

Il ne faudrait pas regretter l'argent et le temps gaspillés dans ces assemblées ouvrières, si elles étaient sérieuses et si la discussion n'y était pas absolument dépourvue d'intérêt.

Les travailleurs ont des intérêts à débattre, des propositions utiles à présenter et à formuler, concernant les salaires, les conditions du travail, la participation aux bénéfices, les assurances contre le chômage, la maladie, la vieillesse. Il y a aussi la question de la présence des ouvriers étrangers sur nos chantiers et dans nos ateliers qui mérite d'être discutée dans un congrès de ce genre.

Enfin, la double question de l'enfant et de la femme est susceptible d'attirer toute l'attention des ouvriers. Eux seuls doivent être consultés et peuvent arrêter l'ordre social à suivre pour le maintien, pour la consolidation de la famille, telle que les institutions qui nous ont précédé l'ont constituée et léguée, ou pour sa destruction, sa dispersion, par suite des conditions actuelles du travail.

Il est évident que si les choses continuent, avant peu la famille ouvrière aura vécu. Le développement du machinisme et la femme ayant du travail à côté ou loin de son mari, dans les établissements industriels, font que la famille, refuge domestique, n'existe plus que nominalement.

Dans la plupart de nos centres industriels, le mal va grandissant de la femme éloignée de ses enfants, de sa cuisine, de son ménage et du couple, rentrant brisé de l'usine, n'ayant plus le sens du logis, de l'intérieur. Dans cette situation nomade, à laquelle heureusement Lyon échappe en partie, mais que toutes les agglomérations industrielles connaissent, il faudra se préoccuper de l'enfant. On marche inévitablement vers l'accaparement de l'enfant, quasi abandonné dans la situation précaire actuelle, par l'Etat, par la commune.

Cette importante question qui touche à l'existence même de la famille pauvre, aurait pu être discutée avec fruit à Romilly.

Mais dans ce congrès champenois, comme dans toutes les réunions de ce genre, croit-on que les intérêts, les besoins de la classe des travailleurs soient l'objet de la sollicitude des orateurs et des organisateurs ? On ne demande aux adhérents qu'une notoriété grandissante qui permette l'agitation stérile de la propagande de haine sur tous les points du territoire, et qui à la suite transforme en députés les leaders congressistes.

MM. Guesde, Lafargue, Planteau, ont employé le temps des travailleurs réunis à Romilly-sur-Seine, à discuter deux questions, intéressantes sans doute, mais dont on ne voit pas trop la spécialisation dans ce congrès ouvrier.

La politique coloniale a d'abord occupé les congressistes, on a rabâché naturellement tous les lieux communs qui, depuis la Tunisie et le Tonkin, ont été répercutés dans les meetings, ont traîné dans les colonnes des journaux ayant érigé l'insulte et la calomnie en articles de fond.

Les membres du congrès ont été si entraînés par l'éloquence du citoyen Pablo Lafargue qu'ils ont voté à l'unanimité la condamnation des entreprises coloniales, déclarant que jamais les socialistes ne donneront pour elles un homme ou un sou. Voilà un vote catégorique. Les ouvriers de la région troyenne, qui appartiennent pour la plupart aux industries des tissus et de la métallurgie, sont précisément ceux à qui les expéditions et les organisations coloniales peuvent apporter le plus de commandes et de débouchés. Avec la terrible production et surproduction contemporaines, avec le formidable entassement de marchandises fabriquées sorties des entrailles de fer de la machine, où iront-ils trouver les consommateurs ? L'Europe regorge, elle a ses fabriques et ses fabricants et la mère-patrie ne peut absorber tous les produits qu'on empile en ses magasins. Les colonies — on est honteux d'avoir à défendre ces vérités incontestables, — ne sont-elles pas des places de consommation toutes neuves, toutes avides de marchandises, pour la bonneterie ou pour les fers de l'Est ! La réprobation coloniale des hommes d'Etat de Romilly est donc illogique. C'est voter contre soi, bouder son ventre.

La question coloniale épuisée, le congrès de Romilly a abordé un autre débat tout aussi palpitant, tout aussi plein d'actualité ouvrière.

On a discuté et voté un projet tendant à réduire, par voie de conventions internationales, graduellement et simultanément, le temps de service dans les armées européennes.

Le sentiment est bon, la réduction du service militaire consentie par toutes les nations équivaudrait à la fameuse proposition de désarmement et doit être approuvée en principe. Mais se figure-t-on l'empereur d'Allemagne réduisant le service militaire à un an ou à six mois sur l'avis du congrès de Romilly ? Et si la proposition ne vient pas de l'Allemagne, croit-on qu'il serait digne à nous, vaincus, de paraître implorer grâce et de renoncer à l'espoir ?

Mais, en approuvant le sens pacifique qui a dicté cette motion, était-ce au congrès de Romilly à la soulever ? Ah ! ça, il n'y avait donc pas de questions ouvrières à l'ordre du jour dans ce congrès ouvrier ?

Hélas ! il ressemble à tous ceux qui l'ont précédé et qui le suivront. Le congrès de Romilly est pareil aux grèves, dont les organisateurs sont toujours des tribuns, des cabaretiers, des plumitifs en quête d'une circonscription électorale. Les sociétés anglaises *Union Trades*, viennent de décider qu'à l'avenir il faudrait être ouvrier effectif, et non conseiller ou avocat de la classe ouvrière, pour figurer dans les congrès. Si ce règlement avait été en vigueur à Romilly, il est probable que l'on y aurait discuté des questions intéressant plus directement les ouvriers et plus spécialement de la compétence de travailleurs rassemblés que le désarmement de l'Europe et la suppression des colonies. Les ouvriers y auraient perdu trois ou quatre discours et gagné du temps, qui, le jour de paie, est de l'argent.

E. LEPELLETIER.

République Française

12 septembre 1891

LE CONGRÈS DE ROMILLY

Le congrès socialiste qui tient en ce moment ses assises à Romilly traite les sujets les plus divers et les questions les plus variées. Il s'occupe de politique coloniale et aussi de politique extérieure, ce qui ne manque pas d'originalité de la part de gens qui, à l'occasion, déclarent « que la patrie n'est qu'un mot ». Mais il discute plus volontiers, il faut lui rendre cette justice, les intérêts immédiats du parti et les moyens de conquérir plus rapidement des mandats. A ce propos, le « rapporteur » du conseil national, le blackboulé Paul Lafargue, a constaté avec fierté que les socialistes avaient obtenu onze sièges aux dernières élections du conseil général et quinze au conseil d'arrondissement. Or il résulte de son propre aveu que les candidatures posées étaient au nombre de 131. Le succès n'a décidément pas répondu aux efforts des propagandistes.

En revanche, les socialistes révolutionnaires comptent beaucoup sur les élections municipales de 1896 pour se rattraper. Ils ont calculé que, dans certains départements, ils pourraient « conquérir jusqu'à cinquante municipalités ». Nous ignorons les heureux départements sur lesquels M. Paul Lafargue fonde de si grandes espérances.

Dans tous les cas, nous reconnaissons qu'il a trouvé un moyen excellent de provoquer des candidatures et de susciter des ambitions locales aux élections municipales de l'an prochain. Le principal vœu qui paraît avoir été émis, sur sa proposition, par le congrès de Romilly, consiste, en effet, à réclamer « la rétribution du mandat de conseiller municipal ». Si les socialistes réussissaient à se faire des rentes en entrant dans une assemblée communale, il n'est pas douteux qu'ils iraient « à la bataille », comme ils disent, avec plus d'entrain et plus de conviction. Déjà les socialistes marseillais, à peine réélus, se sont octroyé des appointements s'élevant à la somme totale de 70,000 francs. Mais il y a encore loin de la coupe aux lèvres, et de pareilles fantaisies, parfaitement illégales, sont susceptibles de recours devant la préfecture qui n'hésite jamais à les annuler.

H. C.

Le Temps

12 septembre 1891

Le congrès guesdiste de Romilly a terminé ses travaux par l'adoption d'une série de vœux tendant à obtenir l'élection, par les ouvriers et ouvrières, des inspecteurs et inspectrices du travail, à la création de syndicats ouvriers féminins, à la monopolisation par l'Etat des produits pharmaceutiques, à la faculté par les communes d'adopter les enfants sans père, à la non-gratuité des fonctions électives, etc.

Enfin, le congrès a entamé une discussion et émis des vœux sur le sort des travailleurs de la mer, voulant ainsi, a déclaré M. Jules Guesde à l'un de nos confrères, augmenter le nombre des adhérents au collectivisme parmi cette partie de la classe ouvrière.

Avant de clôturer sa session, les congressistes, désireux de montrer leur sympathie aux habitants de Romilly, avaient convié tous les enfants de la ville à assister à une distribution générale de gâteaux.

Avant de se séparer, le congrès, par l'intermédiaire du tambour de la ville, avait invité les habitants à assister à une grande réunion organisée au profit des grévistes de Carmaux. MM. Lafargue, Carnaud, René Chauvin ont successivement pris la parole.

République Française
12 Septembre

LES CONGRÈS

LE PARTI OUVRIER GUESDISTE

Romilly, 11 septembre.

Les trois séances d'hier ont été consacrées à l'examen des quatre questions suivantes :

1° Le Parti ouvrier et la politique coloniale ;

2° Le Parti ouvrier et la politique extérieure ;

3° Le Parti ouvrier et les assemblées départementales ;

4° Les élections municipales de 1896.

Après des discours de MM. Jules Guesde et Paul Lafargue relatifs aux entreprises coloniales et notamment à l'expédition de Madagascar, le congrès a adopté la résolution suivante :

Le 13e congrès national du Parti ouvrier français s'élève de toutes ses forces contre les flibusteries coloniales pour lesquelles aucun socialiste conscient ne votera jamais ni un homme ni un sou.

Sur la question du socialisme et de la politique extérieure, le congrès adopte à l'unanimité et presque sans discussion la résolution suivante :

Le treizième congrès national du Parti ouvrier français se joint à la démocratie socialiste allemande pour acclamer, comme unique politique extérieure, la paix entre les peuples.

Il charge, en outre, les élus du Parti de saisir la Chambre, dès la rentrée, d'une proposition de loi tendant à réduire, par voie de conventions internationales, graduellement et simultanément, le temps de service actif dans les armées européennes.

Le congrès discute ensuite quel doit être le rôle des élus aux conseils d'arrondissement et aux conseils généraux.

La plupart des conseillers généraux présents, et notamment M. Albert Mahieu (de Cherbourg), prennent la parole sur cette question. Puis, sur la proposition de M. Jules Guesde, le congrès adopte la résolution suivante :

Le 13e congrès national du parti ouvrier français décide :

Il y a lieu, pour rendre plus féconde l'action du parti dans les assemblées départementales, de combiner cette action et de la nationaliser.

A cet effet, il invite les groupes du parti, deux mois avant l'ouverture des conseils généraux et d'arrondissement, à soumettre au conseil national du parti ouvrier, pour les unifier, les propositions et vœux à présenter par nos élus.

Le congrès décide en outre :

Que toutes les revendications immédiates inscrites au programme du Parti ouvrier devront être, dans un but de propagande, transformées en projets de vœux dont seront saisies les assemblées départementales.

La question des élections municipales de l'année prochaine a soulevé une longue discussion à laquelle prennent part, notamment, MM. Millet, maire de Romilly ; Etienne, conseiller municipal de Roubaix ; Jules Guesde, Lafargue, Zévaès, Mahieu, etc.

Sur la proposition de M. Mayeux, qui représente au congrès les groupes socialistes et la Bourse du travail de Roanne, le congrès se prononce pour l'union des différentes fractions révolutionnaires sur le terrain électoral et vote une résolution première ainsi conçue :

Le congrès constate avec joie, d'après les rapports des délégués des différentes régions, que les élections municipales se présentent dans les meilleures conditions pour le Parti ouvrier français, certains départements devant donner au Parti jusqu'à 50 municipalités socialistes.

Il décide que, partout où il sera possible de trouver des camarades assez indépendants pour accepter la candidature, la lutte sera engagée par le Parti, même là où il n'y aurait pas à compter sur des résultats immédiats.

Dans les quelques localités où il existe d'autres fractions socialistes, il y aura lieu, dans l'intérêt de la cause commune et pour amener la défaite complète de la réaction capitaliste, à une entente préalable entre le Parti ouvrier et ses fractions, pour ne maintenir, au second tour, que le candidat socialiste le plus favorisé.

L.

L'Événement
12 Septembre

LE CONGRÈS DE ROMILLY

Romilly, 10 septembre.

Le congrès a, dans la séance d'hier matin, émis de nombreux vœux, dont voici les principaux :

« Monopolisation par l'Etat des produits pharmaceutiques ;

» Faculté laissée aux communes d'adopter les enfants sans père et de remplir envers eux le devoir des parents ;

» Abaissement de 28 à 13 jours, et de 13 à 4 jours des périodes d'instruction des réservistes ;

» Election par les ouvriers et ouvrières des inspecteurs et inspectrices du travail ;

» Eligibilité des vieillards indigents ou assistés. »

Dans la séance de l'après-midi, présidée par le citoyen Chauvin, député de la Seine, le congrès a voté les résolutions suivantes :

1° Il y a lieu d'engager la lutte même dans les communes où le parti socialiste ne pourrait pas compter sur des résultats immédiats ;

2° Que toutes les fractions socialistes s'entendent pour ne maintenir au second tour de scrutin que le candidat socialiste le plus favorisé sans distinction d'écoles ;

3° Toute latitude est laissée aux groupements socialistes pour composer dans chaque commune la liste des candidats choisis pour le mieux des intérêts du parti.

En outre, le congrès a décidé que les élus du parti dans les divers conseils municipaux auront à transmettre au conseil national, pour être portées à la connaissance de tous les adhérents du parti, les mesures proposées en exécution du programme socialiste.

Dans la séance de la soirée, le congrès procède à l'élection du conseil national du parti ouvrier pour l'année 1895-1896.

A l'unanimité, les anciens membres sont réélus. Ce sont MM. Jules Guesde, René Chauvin, Carnaud, députés ; Lafargue, ancien député ; Roussel, Dereure, Zévaès, Aline Valette, Maurat, Fortin, Feroul, Prévost.

Sur la proposition du citoyen Jules Guesde, le congrès décide ensuite de charger le conseil national de représenter le parti ouvrier au congrès international de Londres qui se tiendra au mois de septembre 1896.

Sur la proposition de M. Chauvin, le congrès décide d'inviter tous les groupes socialistes à prendre un abonnement au journal officiel du parti : *Le Socialiste*.

Il est inadmissible, dit le député d'Asnières, que notre organe officiel soit en déficit.

La séance est levée à minuit et demi et renvoyée au lendemain.

Le congrès se terminera aujourd'hui par une grande réunion donnée au profit des grévistes de Carmaux.

MM. Jules Guesde, Lafargue, Chauvin, Camard, prendront la parole.

L'Avenir.

REIMS, le 11 Septembre 1895

DEUX CONGRÈS

Nous aurons eu, cette semaine, deux congrès, l'un socialiste, à Romilly, l'autre ecclésiastique, à Saint-Quentin. Ces deux assemblées sont entre elles dans une opposition violente et se trouvent placées aux deux pôles de l'action économique et sociale qui s'exerce actuellement en France.

Le Congrès de prêtres, qui se tient en ce moment à Saint-Quentin, n'a pas d'autre but, son programme en fait foi, que de mettre en lumière les doctrines sociales et traditionnelles de l'Eglise, dont Léon XIII, dans son Encyclique sur la *Condition des ouvriers*, fait une si sage application aux besoins nouveaux de ce temps-ci.

Chacun de ces Congrès marque un progrès nouveau des doctrines sociales de l'Eglise et des enseignements de l'Encyclique *Rerum novarum*, et le zèle, la méthode patiente et le sérieux des discussions dont on y fait preuve chaque année, démontrent de la façon la plus claire, qu'on se trouve ici en face d'un mouvement d'idées, qu'on pourra peut-être longtemps encore calomnier ou contredire, mais qu'il n'est au pouvoir d'aucune force au monde d'arrêter.

Il faut bien que nous insistions sur ce point, si nous voulons répondre d'une façon satisfaisante aux pessimistes, prodigues d'interjections larmoyantes devant la situation la plus chaotique qui s'est jamais vue, et qui ne peuvent entendre parler de catholiques et de prêtres réunis en congrès, sans répondre dédaigneusement : à quoi bon ?...

Ces Congrès ne sont pas seulement bons, ils sont excellents, les faits le démontrent et nous dispensent de recourir pour en donner la preuve, à de vaines déclamations.

La grande nouveauté de l'Encyclique *Rerum Novarum* c'est d'avoir mis au premier plan, l'idée de justice et proclamé les droits de l'ouvrier. Cette question de justice et ces droits étudiés et exposés dans ces congrès se sont précisés d'année en année, et l'on peut dire que ce problème ardu est de jour en jour plus clairement posé et plus nettement circonscrit.

On a fortement et longuement insisté dans tous ces congrès sur l'*association* comme premier moyen d'arriver à la justice sociale. Si la réalisation de l'idée corporative, réalisation qui entraînerait une réforme politique et sociale complète, semble, en France, ajournée pour un temps, on n'a pas laissé pour cela de pousser à l'association, à la formation de syndicats mixtes ou simplement ouvriers, et l'on a mieux senti la nécessité de l'organisation professionnelle. La Ligue démocratique belge surtout a marché résolument dans la voie qui lui était ouverte, et, à la fin de 1893, cette Ligue qui n'est pas, comme on le sait, une collection d'individus mais de groupements, comptait déjà 125 sociétés ouvrières chrétiennes affiliées. C'est dans un récent congrès de la Ligue qu'on décida l'établissement de fédérations nationales ouvrières.

L'organisation professionnelle ne dispense pas l'Etat de ses devoirs envers l'ouvrier. Il y a quelques années seulement nous n'aurions pas osé affirmer comme nous le faisons aujourd'hui le principe de l'intervention de l'Etat. Les congrès ont remis ce principe en lumière, Léon XIII dans son Encyclique lui a donné comme une consécration nouvelle ; les études et les discussions au sein des assemblées se continuant, on a précisé certaines applications à faire de ce principe, puis les catholiques s'élevant plus haut, ont émis l'idée d'une législation internationale.

Tous ceux qui suivent un peu le mouvement des idées sociales à notre époque, ont tous ces faits présents à l'esprit, et se gardent de hausser les épaules en demandant à quoi servent ces congrès.

A quoi servent ces congrès ? Cette question suppose aujourd'hui, chez les blasés qui la posent, une ignorance profondément ridicule. Demandez plutôt aux socialistes à quoi ils servent et pourquoi, chaque année, les apôtres du collectivisme se réunissent en congrès, pourquoi l'on y convoque le ban et l'arrière ban des adversaires de la rente et des ennemis du bourgeois.

Lisez entre autres documents les dépêches que les socialistes expédient en ce moment de Romilly, vous verrez à quoi sert pour eux un congrès, et si les catholiques ont raison d'opposer à ces démolisseurs, leurs efforts pour les réformes et la réorganisation sociale.

Le congrès guesdiste, qui tient actuellement ses assises à Romilly, a, dans sa séance de ce matin, émis de nombreux vœux, dont voici les principaux :

Monopolisation par l'Etat des produits pharmaceutiques ;

Facilité laissée aux communes d'adopter les enfants sans père et de remplir envers eux le devoir des parents ;

Abaissement de vingt-huit à treize jours et de treize à quatre jours des périodes d'instruction des réservistes ;

Election par les ouvriers et ouvrières, des inspecteurs et inspectrices du travail ;

Eligibilité de vieillards indigents ou assistés.

Le congrès a, en outre, décidé que les élus du parti dans les conseils municipaux auraient à transmettre au conseil national les mesures proposées ou adoptées en exécution du programme municipal du parti.

Le congrès proteste contre la gratuité des fonctions électives, attentatoire, comme le cens autrefois, à la souveraineté nationale. Le congrès décide enfin d'ouvrir une campagne d'agitation en vue de la loi rendant obligatoire, pour les ouvriers du même métier syndiqués ou non, les décisions de la chambre syndicale en matière de tarifs de salaires et de conditions du travail.

Ces choses sont utiles à lire ici, à Reims, où très vraisemblement, grâce au gâchis dans lequel l'opportunisme nous a poussés, nous aurons une municipalité comme à Romilly... Figurez-vous donc que dans ce gros village, de l'importance de La Haubette, on prépare les grandes lignes des discussions que nous entendrons l'an prochain dans cette belle salle de l'Hôtel de Ville, où M. Henrot actuellement impose ses arrêtés à cent mille de ses concitoyens.

Je me représente cela très bien.

Ce sera pour le socialisme rémois, si j'en juge par les vœux du congrès de Romilly, un temps glorieux et probablement aussi, fructueux. Les socialistes ont toujours protesté, avec une conviction bien sentie, contre la gratuité des fonctions électives, qui met dans l'impossibilité de siéger au conseil municipal, des citoyens qui prétendent avoir des choses pressantes à dire et utiles à proposer, et qui les humilie aux yeux du public.

Une mesure s'imposera donc dès l'entrée au conseil du socialisme rémois, le vote des traitements nécessaires aux élus du collectivisme. Si, comme on l'affirme, M. Foulon occupe le fauteuil, il mènera la chose au doigt et à l'œil. Il montrera qu'il est indigne d'une ville comme Reims, de lésiner pour récompenser le dévouement de ses édiles; le conseil fera bien les choses, on pourra adopter les enfants sans père, et « boulotter » un peu.

Ça ne durera sans doute pas éternellement; mais enfin ça peut durer quelque temps, puisque ça dure encore à Romilly, et si le *Franc Parleur* met autant de ténacité à défendre ses positions à l'Hôtel-de-Ville, qu'il montre de confiante audace à les conquérir, nous aurons tout le temps nécessaire pour bien voir à quoi servent les congrès socialistes, et à quoi devraient servir les nôtres...

Dr FLAVIO.

La République Française
13 Septembre [illegible]

LES CONGRÈS

LE PARTI OUVRIER GUESDISTE

Nous avons publié hier en « Dernière Heure » une dépêche annonçant la clôture du congrès de Romilly.

Mais il nous faut revenir sur les deux dernières séances et les décisions qui y ont été prises.

Sur la question des Syndicats obligatoires, la motion suivante est adoptée à l'unanimité :

« Le 13e congrès national du Parti ouvrier français décide :

» Qu'il y a lieu d'ouvrir une campagne en vue d'une loi rendant obligatoires pour tous les ouvriers d'une même corporation, sans distinction de syndiqués et de non-syndiqués, les décisions de la chambre syndicale en matière de salaires et de toutes les conditions du travail ».

Sur un rapport de Mme Aline Valette, le congrès adopte les résolutions suivantes :

« Considérant que la femme est aujourd'hui *industrialisée* au même titre que l'homme;

» Que cette industrialisation a donné naissance à un prolétariat [illegible] heure, constitue une force croissante, puisque, de plus en plus, elle devient le nombre;

» Que, par suite, il importe, dans l'intérêt de la femme, c'est-à-dire de l'espèce, et du socialisme, d'organiser cette force;

» Le treizième congrès national du Parti ouvrier invite tous les délégués présents à aider de tous leurs efforts à l'organisation syndicale et fédérative des travailleuses ».

A l'unanimité, le congrès se prononce contre la revision directe par le peuple. M. Jules Guesde motive ainsi ce refus : « Le peuple, qui est l'ensemble de la nation, se compose de deux classes en présence et en lutte : la classe prolétarienne et la classe capitaliste. Or nous voulons la revision politique et économique, c'est-à-dire la révolution sociale, opérée contre la classe capitaliste par la classe ouvrière organisée. »

Le congrès procède ensuite au renouvellement de son Conseil national. MM. Jules Guesde, Chauvin, Paul Lafargue, Zévaès, Ferroul, Carnaud, Dereure, Prévost, Roussel et Mme Aline Valette sont réélus par acclamation. MM. Manssn et Edouard Fortin sont élus en remplacement de MM. Jourde, député, et Crépin, démissionnaires.

Enfin il adopte une série de vœux ayant pour but d'attirer au Parti ouvrier les inscrits maritimes, pêcheurs et marins du commerce.

LA FÉDÉRATION DU LIVRE

Marseille, 12 septembre.

Une des questions les plus graves inscrites à l'ordre du jour est venue hier en discussion et a occupé les deux séances du congrès. Il s'agit de la création d'une caisse fédérative de chômage et de maladie. L'auteur de cette proposition, le délégué de Paris, a donné lecture d'un projet d'organisation de ce nouveau service dans la Fédération française. Se basant sur ce qui se passe dans les autres pays, il a démontré que les typographes de France ne devaient pas plus longtemps se laisser devancer par les travailleurs du Livre des autres puissances.

Comme cette question était inscrite depuis déjà longtemps à l'ordre du jour du congrès et qu'elle augmenterait de près de 80,000 fr. par an les charges supportées par la Fédération, chaque délégué est venu avec un rapport. Aussi a-t-on vu défiler à la tribune un grand nombre d'orateurs.

Une commission de cinq membres a été nommée. Elle se compose des délégués de Paris, Lille, Clermont-Ferrand et Rodez.

Le Petit Républicain
13 Septembre 18..

Le Congrès de Romilly

Romilly, 11 septembre.

Les deux dernières séances du congrès ont été consacrées à l'examen de questions diverses et de la question des inscrits maritimes.

La citoyenne Aline Valette, membre du Conseil national, présente un rapport très complet et très documenté sur la situation des femmes dans l'industrie moderne. Comme sanction à son rapport le congrès adopte à l'unanimité la motion suivante:

Considérant que la femme est aujourd'hui *industrialisée* au même titre que l'homme;

Que cette industrialisation a donné lieu à un prolétariat féminin, qui, dès cette heure, constitue une force croissante, puisque, de plus en plus, elle devient le nombre;

Que, par suite, il importe, dans l'intérêt de la femme, c'est-à-dire de l'espèce, et du socialisme, d'organiser cette force;

Le 13e congrès national du Parti ouvrier invite tous les délégués présents à aider de tous leurs efforts à l'organisation syndicale et fédérative des travailleuses.

Sur la proposition des citoyens Albert Mahieu et V. Landrin, délégués des groupes du Parti ouvrier de Cherbourg, le congrès décide de prendre en considération les revendications des ouvriers et employés des arsenaux et établissements maritimes, et donne mandat aux élus du Parti ouvrier français de transformer ces revendications en propositions de lois qui seront soumises au Parlement.

Un délégué parisien soulève la question de la revision directe par le peuple. Le Congrès décide qu'il n'y a pas lieu de la prendre en considération.

Ces questions diverses épuisées, le congrès a abordé la dernière question portée à son ordre du jour : « Les inscrits maritimes ; pêcheurs et marins de commerce, enquête et projet de programme ».

Dès le mois de juin, le conseil national avait adressé aux différents syndicats de marins un questionnaire de 25 questions, relatif à la petite pêche, à la grande pêche et à la situation des marins de commerce. C'est sur les réponses envoyées au congrès par les groupes socialistes et syndicats de Dunkerque, Calais, Boulogne, Cherbourg, Lorient, Rochefort, Bordeaux, Fouras, Cette, Marseille, etc., que s'est engagée la discussion au congrès, discussion à laquelle ont pris part les citoyens Carnaud, Chauvin, Guesde, députés, Paul Lafargue, Mahieu, Corgeron, Landrin, Monteux, secrétaire général de la Fédération nationale des inscrits maritimes, etc.

Le congrès adopte les revendications suivantes :

1° Minimum de pension de retraite pour les inscrits maritimes de toutes professions porté à 600 fr. au moyen d'un impôt spécial sur les armateurs et compagnies de navigation;

2° Création d'un Conseil du travail maritime élu par les syndicats des marins de commerce et pêcheurs;

3° 12 heures de travail sur le pont et 8 heures par 24 heures dans les soutes, avec repos hebdomadaire de 24 heures, sauf cas de force majeure;

4° Minimum de salaire fixé par les inscrits maritimes dans leur congrès de Paris (1893) : 90 fr. sur le pont, 100 fr. dans les soutes et 120 fr. devant les feux;

5° Création de conseils de prud'hommes maritimes;

6° Exercice des droits politiques des marins;

7° Suppression des tribunaux maritimes et retour au droit commun pour les travailleurs de la mer.

Le congrès renvoie à l'étude du Conseil national le soin de compléter le programme maritime.

La réunion publique

A huit heures et demie du soir s'est tenue une grande conférence publique, salle du théâtre.

Près de 1.800 citoyennes et citoyens y assistaient. Cette réunion était présidée par le citoyen Lacroix, conseiller municipal de Romilly.

Tour à tour ont pris la parole les citoyens Carnaud, Chauvin, Sauvanet, députés; A. Zévaès, Roussel, Maussa, membres du conseil national; Pédron, délégué de Troyes; Ch. Fouillaud, délégué de Montluçon; Mayeux, délégué de Roanne.

Par acclamations enthousiastes, l'ordre du jour suivant est adopté à l'unanimité :

Les citoyennes et citoyens réunis le 10 septembre ratifient les décisions prises par le 13e congrès national du Parti ouvrier français;

Approuvent à nouveau le programme et la politique du Parti;

Envoient aux ouvriers de Carmaux leur salut fraternel et leurs félicitations,

Et lèvent la séance aux cris de :

Vive le Parti ouvrier français !

Vive la République sociale !

Une quête est faite à la sortie de la réunion au profit des verriers carmausins.

Voici le texte du télégramme adressé au congrès du Parti ouvrier français, qui se tient en ce moment à Romilly, par le Parti socialiste polonais :

« Nous sommes chargés de transmettre « l'expression de sincère solidarité et les « vœux de meilleure réussite aux socialistes « français qui ont toujours si bien compris « la nécessité pour le prolétariat international « de la Pologne indépendante conquise par la « classe ouvrière. »

« Au nom du Parti socialiste polonais.

« La rédaction de son *Bulletin officiel*. »

ALLIANCE DES PEUPLES

La rédaction du journal russe publié à Londres, le *Russky Rabotshy* (l'Ouvrier russe), vient d'envoyer au congrès du Parti ouvrier tenu à Romilly le télégramme suivant :

« Socialistes russes envoient saluts fraternels aux socialistes français. Vive l'alliance « des peuples contre l'alliance des gouvernements ! »

Après le télégramme de sympathie et de fraternité envoyé aux socialistes français par les socialistes allemands pour l'anniversaire de Sedan, celui des socialistes russes ne peut qu'affirmer cette union des travailleurs dans l'univers par le socialisme, malgré les frontières et les haines semées par les maîtres du capital et du pouvoir politique. Oui, nous la réaliserons cette « alliance des peuples contre l'alliance des gouvernements », envers et malgré tous les préparatifs de guerre faits par nos ineptes et criminels dirigeants.

P. M.

Le Libéral (Cambrai)
13 Septembre 18..

LE CONGRÈS DE ROMILLY

On a vraiment eu tort, par les fortes chaleurs que nous venons de traverser et qui ont rendu moroses les lecteurs les plus gais, de ne pas parcourir la liste des nombreuses résolutions prises par les socialistes au congrès de Romilly.

Certes, nous ne voudrions pas dire que les amis de M. Guesde soient seulement ridicules et que leurs actes ne prêtent qu'à rire : nous les considérons, au contraire, comme très- dangereux. Seulement, de temps en temps, ils donnent au monde polique des spectacles fort divertissants dont nous aurions tort de négliger le compte-rendu.

C'est ainsi que le congrès guesdiste de Romilly vient d'étonner l'univers par les résolutions qu'il vient de voter. Si le vote de ces joyeux compagnons faisait loi, la France entière, comme vous vous en doutez, serait bouleversée demain de fond en comble et l'Europe monarchique vacillerait sur ses bases vermoulues.

Quoiqu'il n'y eût à ce congrès « ouvrier », composé surtout d'ouvriers qui ne travaillent jamais, que des hommes d'une érudition relativement modérée, on y a traité les plus graves questions sociales et on les y a résolues sans le moindre embarras Nous connaissons ces questions importantes, puisqu'elles font partie du bagage politique de tous les candidats socialistes. Nous ne nous occuperons donc que des questions sociales secondaires.

Le congrès s'est longuement occupé du sort des « travailleurs de la mer », c'est-à-dire, en langage courant, des pêcheurs. M. Guesde a découvert que cette catégorie de citoyens français étaient loin d'avoir des opinions socialistes et révolutionnaires. Il s'est dit qu'on pourrait trouver parmi ces rudes travailleurs des adhérents au collectivisme. Pour les allécher, le congrès a donc décidé que les mathurins auraient toujours droit... à un jour de repos par semaine. Si cette résolution tombe sous les yeux d'un pêcheur, il marquera peut-être quelque étonnement. Comment fera-t-il pour prendre son jour de repos, lorsque son bateau voguera en pleine mer ? Abandonnera-t-il le gouvernail au gré des flots, et préférera-t-il périr sur des écueils plutôt que d'enfreindre le principe socialiste ?...

Il paraît pourtant qu'il y a une classe de citoyen à l'adhésion desquels le parti guesdiste ne tient pas : c'est celle des pharmaciens. Le congrès a décidé, en effet, que l'Etat doit monopoliser les produits pharmaceutiques. Une tentative d'un monopole semblable fut faite, on s'en souvient, à Roubaix, et si le gouvernement n'avait pas arrêté la municipalité socialiste au cours de ses exploits pharmaceutiques, tous les apothicaires de ce pays auraient été obligés de mettre la clef sous la porte. Si on les avait laissé faire d'ailleurs, les conseillers roubaisiens auraient poussé plus loin l'application des doctrines collectivistes et la mairie eût vite été transformée en un bazar où la population aurait trouvé tous les produits nécessaires à la vie. Il est dommage que les congressistes n'aient pas voté le monopole d'état pour les marchands de vin : la moitié des socialistes, qui sont mastroquets, seraient restés sans occupation.

Le congrès n'a pas laissé passer la question de la rétribution des fonctions électives sans la résoudre immédiatement.

Il a décidé que tous les citoyens revêtus d'un mandat électif avaient droit à une indemnité pécuniaire, tout comme les députés et les sénateurs. Laissons de côté les conseillers généraux et d'arrondissement et tenons-nous en aux conseillers municipaux. Comme il y a, en France, 36,000 communes, avec une moyenne de 10 conseillers, pour peu qu'on accorde trois francs par jour à un conseiller municipal, cela ferait, pour le budget, la jolie charge de 432 millions par an. Pour des gens qui méprisent le capital, c'est une fort jolie somme qu'ils nous feraient payer !

Vous pensez bien que ces réformateurs transcendants ne s'en sont pas tenus là : ils ont touché à des questions bien plus graves encore et sur lesquelles des générations de philosophes, d'économistes et de politiques ont pâli. Ils les ont résolues avec le même esprit de décision et de netteté. Ils ont réduit les 28 jours des réservistes à 13, et les 13 à 4. La question des enfants naturels a été également tranchée : c'est leur commune qui les adoptera, les élèvera, les nourrira, les instruira, etc., etc.

On demeure vraiment stupéfait devant la science prodigieuse de pareils hommes, qui trouvent le moyen de résoudre ainsi les plus graves problèmes sociaux entre deux chopes. Nous ne serions pas étonnés qu'ils n'aient tranché un beau matin la question d'Egypte ou celle des Balkans.

Quels génies ! quels dentistes !

NUMA ROUSTAN

Journal d'Amiens
13 Septembre, 1891.

Libertés Syndicales

Amiens, le 12 septembre.

Le congrès socialiste qui vient de se tenir à Romilly, avec des rhéteurs apocalyptiques comme Basile-Jules Guesde, des famistes comme le député-coiffeur Chauvin et des politiciens avortés comme le sinistre Lafargue, espagnol mâtiné d'allemand, l'ancien éditeur responsable de Fourmies, s'est attaché une fois de plus à démontrer inconsciemment que partout où les communistes écrivent liberté il faut lire tyrannie, restriction, obligation, contrainte.

Parmi les nombreuses questions qui ont été agitées dans le vide et qui sonnent creux comme les grelots de la folie, nous n'en voulons retenir qu'une aujourd'hui : celle qui a trait aux syndicats obligatoires.

Comme nous l'avons annoncé précédemment, le congrès qui s'intitule national a décidé :

« Qu'il y a lieu d'ouvrir une campagne en vue d'une loi rendant obligatoires pour tous les ouvriers d'une même corporation, *sans distinction de syndiqués et de non syndiqués*, les décisions de la chambre syndicale en matière de salaires et de toutes les conditions du travail. »

Le nouveau comité de salut public où Jules Guesde joue les Fouquier-Tinville, n'y va pas, on le voit, de main morte.

La prétention qu'il émet aujourd'hui n'est d'ailleurs pas absolument nouvelle. Nous l'avons déjà rencontrée sous d'autres espèces quand un autre congrès s'était imaginé de vouloir, dans les questions de grèves, imposer à la minorité les résolutions prises par la majorité.

Ces sinistres farceurs qui s'entendent si bien à mettre en coupe réglée les vrais travailleurs en spéculant sur leur misère et sur leur faim font bon marché de la liberté individuelle. Leur idéal c'est l'ouvrier-rouage à qui ils refusent le droit de penser.

La motion dont nous venons de rappeler le texte tend, en effet, purement et simplement, à l'institution des syndicats obligatoires.

Si les non syndiqués devaient, en matière de salaires et dans toutes les questions du travail se soumettre aux décisions de la chambre syndicale, à quoi leur servirait d'avoir réservé leur liberté en se refusant à passer sous les fourches syndicales ?

L'idée qui a présidé à l'institution des syndicats découle directement de la liberté. Les syndicats, s'ils n'avaient pas été détournés la plupart du temps de leur but primitif par les meneurs grassement appointés qui se sont retirés comme le rat de la fable dans ce nouveau fromage, devaient être un instrument d'émancipation aux mains des ouvriers avec la liberté comme évier. Grâce aux politiciens faméliques qui ont tondu de ce pré plus que la largeur de la langue, ils sont devenus presque toujours des instruments de tyrannie.

Les exemples de cette tyrannie ne manquent pas. On se rappelle que plus d'une grève n'a eu pour motif que la prétention émise par certains syndicats d'obliger les patrons à renvoyer des ouvriers coupables d'avoir dédaigné les beautés syndicales et d'avoir refusé leur cotisation à la caisse où puisent à pleines mains les meneurs brevetés S.G. D. G.

C'est encore cet esprit éminemment libéral qui a inspiré la résolution que nous signalons plus haut.

Comme les tribunaux, lorsqu'ils ont été saisis par les victimes des syndicats de demandes en dommages-intérêts, après leur renvoi pour refus de s'affilier, ont négligé de partager la manière de voir et les exigences des chambres syndicales, le Congrès a entrepris de mettre légalement sous le joug des meneurs les ouvriers indépendants.

Nous savons bien qu'il ne se trouvera pas de si tôt, dans le Parlement, une majorité pour commettre une pareille hérésie législative et faire ainsi litière de la liberté individuelle. Mais nous avons tenu à signaler la prétention du Congrès de Romilly pour montrer le singulier état d'esprit qui anime aujourd'hui ceux-là même qui se réclament le plus de la liberté.

M. Jaurès parlait l'autre jour d'imposer par une loi aux employeurs les volontés et caprices des employés.

Les faux ouvriers, politiciens à courte vue et à ambition démesurée, qui détiennent aux dépens des vrais travailleurs les comités des associations syndicales entendent à leur tour plier à leur manière de voir ceux des travailleurs qui se sont arrêtés à la porte de l'antre syndical parce que s'ils savent bien comment on y entre ils ignorent comment et par où on en sort.

Ce qu'ils veulent aujourd'hui convertir en texte de loi, c'est d'ailleurs leur manière habituelle de faire dans les conflits du travail.

L'exemple de Carmaux où les verriers qui veulent travailler font grève, terrorisés par quelques meneurs qui aspirent à ramasser dans la boue d'une grève une sous-ventrière de député pour soutenir leur abdomen qui bedonne tandis que les vrais ouvriers se serrent le ventre, se passe de commentaires.

Le jour où la loi consacrerait une telle iniquité, nous pourrions mettre un crêpe au drapeau de la Liberté.

Réveil du Nord

15 Septembre [illegible]

Le Congrès de Romilly

XIIIe CONGRÈS NATIONAL DU PARTI OUVRIER

Détails complémentaires. — Discipline socialiste. — La gratuité des fonctions électives. — Les syndicats obligatoires. — Le Congrès international de Londres. — La question de l'inégibilité des indigents. — La situation de la femme et des enfants. — L'organisation de l'armée.

Voici quelques détails complémentaires donnés par les différents rapporteurs du Conseil national.

D'abord la liste des journaux et revues dont s'est augmentée le Parti depuis le dernier Congrès.

Ce sont : le *Réveil du Nord*, de Lille ; l'*Egalité*, de Roubaix ; le *Peuple*, de Saint-Etienne ; le *Peuple*, de Lyon ; — six hebdomadaires : le *Combat social*, de Nîmes ; l'*Emancipation*, de Béziers ; l'*Avant-Garde* de Roanne ; le *Socialiste*, de Montluçon ; la *Montagne*, de Sisteron ; la *Société nouvelle* de Beauvais ; — et deux Revues mensuelles : le *Devenir social* et la *Jeunesse socialiste*.

Le Congrès a de plus décidé de tenir trois séances par jour : de 9 heures à midi, de 2 heures à 6 heures et de 8 heures à 11 heures du soir.

Au point de vue administratif, Chauvin signale que depuis quatre mois, le secrétariat du Conseil national a échangé avec les groupes ou syndicats, 2,948 lettres ou télégrammes, ce qui fait une moyenne supérieure à 24 lettres ou télégrammes par jour.

Guesde explique comment et pourquoi le Parti ouvrier est intervenu dans les grèves de Roanne, Champagnac et Carmaux.

Un télégramme de félicitations a été adressé aux verriers de Carmaux, et une collecte faite à leur profit.

Troisième séance

Le parti dans les élections cantonales

Il s'agissait de traiter la question de l'Attitude du Parti dans les élections cantonales. Au début de la séance, on nomme président Jean Coulet, conseiller municipal de Marseille, Mayeux (Roanne) et Fouilland (Montluçon), comme assesseurs.

Un télégramme arrive de Cette annonçant la conquête de l'hôtel de ville par nos amis.

La discussion s'engage, et après des discours de Delory (Lille), Mayeux (Roanne), Zévaès, Lafargue, Fouilland, Guesde, Maussa, etc., on adopte la proposition rédigée par une commission de cinq membres, et ainsi conçue :

Le Congrès constate les excellentes conditions dans lesquelles se présentent ces élections pour le Parti ouvrier qui, dans certains départements, enlèvera jusqu'à 50 conseils, parmi lesquels Grenoble, Fourmies, Decazeville, Agen, Roanne, Alais, Carcassonne, Cherbourg, Caudry, etc. ;

Décide qu'il y a lieu d'engager la lutte même là où on ne pourrait pas compter sur des résultats immédiats, et exprime l'avis que dans les quelques localités où il existe d'autres fractions socialistes, une entente préalable ait lieu avec ces fractions pour ne maintenir au second tour que le candidat le plus favorisé.

Un autre ordre du jour a été également voté à l'unanimité, *laissant aux groupes du Parti dans chaque commune le soin de composer leur liste au mieux des intérêts du Parti.*

Quatrième séance

Le Parti dans les élections municipales

La discussion continue sur la question intéressante des élections municipales. Il s'agissait de cette question si importante du nombre des candidats à présenter dans chaque commune aux votes de la population agricole et industrielle. Le Congrès, après une discussion très animée, où différentes tendances se sont produites, après avoir examiné les différentes situations dans les circonscriptions, a voté à l'unanimité une résolution « laissant aux groupes du parti dans chaque commune le soin de composer leur liste au mieux des intérêts du parti. »

La gratuité des fonctions électives

Sur la proposition de Jules Guesde, le Congrès a protesté contre la loi qui établit la gratuité des fonctions électives et n'est pas moins attentatoire que le cens d'autrefois à la souveraineté nationale, puisque si le cens excluait les prolétaires du scrutin, la gratuité des fonctions exclue ces mêmes prolétaires de l'administration des communes, devenue un véritable monopole de la classe possédante.

Le Congrès a bien vu cette barrière que la classe possédante oppose au suffrage universel, dont il se réclame, par ce véritable silence aux pauvres.

Les propositions des élus municipaux

Sur la demande de plusieurs membres du congrès, demandes dont on a reconnu généralement le bien fondé, on a senti le besoin de fortifier et d'armer les élus ouvriers par la connaissance de la loi électorale.

Le Congrès a donc résolu que tous les élus du Parti, dans les divers conseils municipaux, auront à transmettre au Conseil national pour être portées à la connaissance du Parti tout entier toutes les mesures proposées ou adoptées en exécution du programme municipal du Parti.

Les syndicats obligatoires

Une autre question, complètement nouvelle et régionale, a été proposée par Guesde, discutée et commentée par Ras[illegible]jat (Lyon), Dutertre (Calais), Plonteau (Paris) et Lafargue.

Il s'agissait des « Syndicats obligatoires » inspirés par ce qui se passe aujourd'hui en Suisse, où les syndicats donnent force de loi à leurs décisions concernant les tarifs, et cela aussi bien pour les syndiqués que pour les non syndiqués.

Le Congrès a décidé qu'il y a lieu d'ouvrir une campagne d'agitation en vue d'une loi rendant obligatoire pour tous les ouvriers d'un même métier, syndiqués ou non syndiqués, les décisions prises par les chambres syndicales en matières de tarifs ou de salaires, ou des autres conditions de travail.

La 5e séance

Vœux divers — Le Congrès de Londres

La question à l'ordre du jour portait sur « les vœux divers ».

Une discussion s'engage sur la proposition des délégués lyonnais « tendant à répartir les membres du Conseil national dans les différentes régions » ; mais, l'assemblée décide de reporter cette question au prochain Congrès.

On vote pour l'élection du Conseil national ; deux membres sur douze s'étaient retirés ; on a réélu les dix membre de l'ancien Conseil national (citoyenne Valette, Guesde, Lafargue, Carnaud, Chauvin, Ferroul, Dereure, Roussel, Prévost, Zévaès) et l'on procède au vote pour remplacer les deux membres démissionnaires. Les citoyens Maussa et Fortin sont élus à une forte majorité.

Il s'agissait ensuite du Congrès de Londres : « le Congrès a décidé que tout le Conseil national serait délégué à Londres ».

Les finances du parti

Le citoyen Chauvin émet divers vœux sur la *réorganisation des finances du parti*. Dans un premier vœu, il demande qu'afin de donner au parti une armée qui put frapper des coups foudroyants à un moment ou dans une situation donnée.

Le Congrès décidât qu'une somme fut votée par chaque groupe ou citoyen dans les deux mois qui suivront le Congrès, de façon à pouvoir couvrir d'affiches toutes les communes.

Ce vœu est transformé en résolution votée à l'unanimité.

Le citoyen Chauvin émet un second vœu d'après lequel les fédérations enverront au Conseil national deux rapports ; l'un établissant le nombre de réunions, les conflits qui ont eu lieu entre patrons et ouvriers, le taux moyen des salaires, la visite des inspecteurs ; l'autre établirait le nombre des adhérents, la situation financière, le nombre des sans-travail...

Enfin, Chauvin demande que tous les groupes s'abonnent au *Socialiste* d'après la proportion de leur nombre ; et, par un amendement de Delory, auquel Chauvin se rallie, on décide « qu'il n'y aura qu'un abonnement au *Socialiste* par groupe. »

Sixième séance

L'inégibilité des indigents. — Vœux divers

La présidence est donnée au citoyen Corgeron (Troyes); Perrot (Reims), et Chappe (Marseille) assesseurs. Après la lecture d'adhésions au Congrès (Grenoble, Toulouse), on décide de continuer les questions diverses. — A propos d'un vœu présenté par le délégué de Bicêtre et « tendant à étudier la question sur l'inégibilité des indigents, on félicite les invalides de Bicêtre, et l'on présentera un projet de loi à la Chambre sur cette incompatibilité. Cette résolution est adoptée à l'unanimité.

Le citoyen Malijeu (de Cherbourg) parle de la « situation faite aux ouvriers des arsenaux » et demande que le Conseil national prenne en mains la cause de ces ouvriers ; on décide qu'il sera fait droit à cette demande.

Le citoyen Mayeux (Roanne), en raison des déclarations de Guesde, demande et le Congrès approuve que pour la question des inspecteurs du travail aussi bien que pour une autre question sur les « bureaux de placement », soient remis entre les mains du groupe socialiste, qui les discutera lors des deux projets de loi présentés à ce sujet.

La femme et l'enfant

La citoyenne Valette après avoir exposé la situation de la femme, comme ouvrière, montre la nécessité d'avoir pour soi la femme sous peine de l'avoir contre soi.

Elle propose la décision suivante votée à l'unanimité et par acclamation :

Considérant que la femme est aujourd'hui industrialisée au même titre que l'homme ; que cette industrialisation a donné naissance à un prolétariat féminin, qui, dès cette heure, constitue une force toujours croissante, puisque de plus en plus, elle devient le nombre ; qu'il importe, dans l'intérêt de la femme et du socialisme, d'organiser cette force ;

Invite tous les délégués ici présents à aider de tous leurs efforts à l'organisation syndicale et fédérative des travailleurs.

Viennent ensuite deux propositions présentées par le citoyen Bonnier, tendant l'une à « l'adoption et légitimation par la commune, des enfants naturels, faisant ceux-ci les égaux des enfants légitimes légalement » ; et l'autre demandant que les « produits pharmaceutiques soient comme l'alcool, l'objet d'un monopole de fabrication sous la responsabilité et la garantie de l'Etat. Leur distribution sera confiée à des pharmacies municipales. » Ces deux propositions sont prises en considération et remises à l'étude du Conseil national.

L'organisation de l'armée

Une discussion s'engage sur la proposition du citoyen Pédron, tendant à la *suppression des 28 jours et des 13 jours*. Chauvin, Lafargue, d'Esparo, Pédron, Rouillard prennent part à la discussion.

Chauvin propose comme amendement que tout en maintenant les périodes d'exercices et de mobilisation, on réduise les « vingt-huit jours à treize », et les « treize à quatre ». L'assemblée constate que ces périodes trop prolongées sont très mal vues, en ce sens qu'elles enlèvent l'ouvrier à l'usine et aux champs c'est-à-dire à leur salaire.

Le congrès reconnait la nécessité, aux temps actuels, de l'organisation de l'armée nationale, mais en propose la diminution, suivant le sens indiqué par Chauvin, en ajoutant que, dans la proposition que l'on fera à la Chambre, on donne la même indemnité que pour la durée actuelle, et que cela ne soit plus fait que pour la mobilisation et non l'instruction.

Cette décision est adoptée à l'unanimité.

Le citoyen Delory propose que les élus du parti demandent au gouvernement quelles sont les dispositions prises pour *subvenir aux besoins des femmes et enfants, abandonnés par les hommes, forcés d'aller servir sous les drapeaux*.

Cette proposition est soutenue par Lafargue.

Toutes ces questions seront naturellement renvoyées à l'étude du Conseil National.

Une distribution de gâteaux sera faite aux enfants des écoles qui ont souscrit pour les mineurs de Carmaux.

Le Petit Républicain de Troyes
13 septembre 1895

Troyes, le 13 septembre 1895

Autour du Congrès de Romilly

De braves gens qui ont dû être étonnés, s'ils lisent les journaux, en ce moment, ce sont d'abord les bons pêcheurs bretons, les gars qui servent la République dans la marine ou qui font le quart sur un caboteur : ils y ont appris qu'un Congrès socialiste a découvert à Romilly le moyen d'améliorer leur sort, dont ils ne se plaignent guère, du reste, étant, de naissance, les hommes du devoir.

Le Congrès a tout prévu : pension de retraite, fixation du nombre d'heures de présence sur le pont et devant les feux, suppression des tribunaux maritimes et même « obligation d'un jour de repos complet par semaine ». Voilà une dernière précaution qui dénote des esprits réellement pratiques ! Le mathurin chômera donc si la bise souffle ? Rassurez-vous : le Congrès y a paré ; il a fait suivre son ukase de cette correction : « Sauf le cas de force majeure ». C'est ainsi que le socialisme et les éléments se combinent et s'entendent. Dans tous les ports, les matelots légendaires peuvent mettre toutes voiles au vent, dans les cabarets : ils sont bien heureux ; le Congrès de Romilly les protège !

Et, après les inscrits maritimes, combien d'autres catégories de citoyens ont lieu de se réjouir de cette sollicitude des congressistes. Personne n'a été oublié dans la distribution des vœux. On a songé aux pharmaciens, par exemple, en leur faisant entendre qu'il est désirable que l'Etat monopolise la fabrication des drogues ; c'est la suite d'une campagne qui, comme on sait, a été entreprise par les socialistes à Roubaix [illegible] Ardennes, 13 septembre [illegible]

CHARLEVILLE, 12 SEPTEMBRE 1895

A Romilly

La Sociale où plutôt une partie de la Sociale tient en ce moment ses assises à Romilly et, sous l'inspiration de Jules Guesde, de Pablo Lafargue et du citoyen Pedron, elle y prend des résolutions viriles. Pedron, dans l'Aube, est devenu un oracle, et au 13e congrès national du parti ouvrier français, il s'est chargé d'élucider, en compagnie de Delong, Chauvin, Guesde, Pouillange et Carnaud, la « question des élus dans les assemblées départementales. »

La docte assemblée, naturellement, a décidé que le Parti ouvrier doit engager la lutte, « partout où on trouvera des camarades indépendants pour accepter des candidatures. »

Ce congrès de Romilly est le triomphe en famille des « socialistes théoriciens », comme les appellent dédaigneusement les vrais socialistes, ceux qui ne sont pas des socialistes parlementaires et bourgeois à l'instar des Jaurès, Millerand et consorts, mais des socialistes ouvriers, des purs, n'admettant pas dans leurs réunions des « vétérans de la boulange » et des dames « outrageusement fardées et musquées », comme disait l'autre jour le *Parti ouvrier*, d'Allemane, en parlant de l'extraordinaire public qui assistait à la réunion de Tivoli-Vaux-Hall où Jaurès fit recette en faveur des « affamés de Carmaux. »

Les socialistes parlementaires de Romilly veulent d'abord conquérir les pouvoirs publics en commençant par les conseils municipaux, les conseils d'arrondissement et les conseils généraux, fonctions dont ils entendent se faire rémunérer, « au taux minimum des salaires ouvriers », conformément à l'article 12 du programme municipal déjà élaboré au Congrès de Lyon. Puis quand ils auront conquis ces fonctions, ils marcheront vers de plus hautes destinées.

Pour le moment ils en sont encore à la période d'organisation et ne daignent s'occuper de la politique générale que dans ses grandes lignes; mais dans ces préoccupations élevées, auxquelles ils ne s'arrêtent qu'en passant, on reconnaît tout de même de vigoureux esprits.

La politique coloniale est d'abord par eux condamnée en bloc, parce qu'elle « tend exclusivement à élargir le champ des profits de la classe possédante », et puis aussi parce qu'elle déchaîne sur la nation colonisatrice toutes sortes de fléaux (absinthisme, généraux, de coups d'État et de massacres civils, étiolement et dégénérescence de la race).

et à laquelle l'administration a dû couper court, parce qu'elle la trouvait, à bon droit, aussi injuste que peu motivée.

Le Congrès a songé aussi aux vieillards assistés et indigents. La première idée qui, à ce sujet, se présenterait à l'esprit d'un « bourgeois », serait d'accorder un surcroît de soins à ces vieillards. Le Congrès avait d'autres préoccupations; il songeait à leur donner l'*éligibilité*, c'est-à-dire le droit de faire partie d'Assemblées aussi choisies que celles de Romilly, Marseille, etc.

Les malheureux aimeraient certainement mieux, chaque midi, une topette de vin, mais le Congrès s'occupe de l'âme plus que du corps. De même pour les enfants: il voudrait accorder aux communes le droit d'adopter des « enfants sans père », à condition de remplir toutes les charges afférentes à ce rôle. Dans certains cas, les éducations de ces orphelins seraient bien dirigées!

Quoi encore? Le Congrès a étendu la main vers les réservistes et il a souhaité que la période de leurs fatigues fût diminuée et transformée en de petits exercices variant de quatre à treize jours. Et nous ne sommes pas au bout de cette tâche si énergiquement entreprise et achevée par le Congrès en trois jours. C'est un cycle de toutes les connaissances humaines que ces congressistes ont parcouru, avec une égale largeur de vues et une égale abondance d'ordres du jour.

On s'est occupé aussi de politique coloniale et aussi de politique extérieure, ce qui ne manquait pas d'originalité de la part de gens qui, à l'occasion, déclarent « que la patrie n'est qu'un mot ». Mais on a discuté plus volontiers les intérêts immédiats du parti et les moyens de conquérir plus rapidement des mandats. A ce propos, le « rapporteur » du conseil national, le blackboulé Paul Lafargue, a constaté avec fierté que les socialistes avaient obtenu onze sièges aux dernières élections du conseil général et quinze au conseil d'arrondissement. Or il résulte de son propre aveu que les candidatures posées étaient au nombre de 131. Le succès n'a décidément pas répondu aux efforts des propagandistes.

En revanche, les socialistes révolutionnaires comptent beaucoup sur les élections municipales de 1896 pour se rattraper. Ils ont calculé que, dans certains départements, ils pourraient « conquérir jusqu'à cinquante municipalités ». Nous ignorons les heureux départements sur lesquels M. Paul Lafargue fonde de si grandes espérances.

Dans tous les cas, nous reconnaissons qu'il a trouvé un moyen excellent de provoquer des candidatures et de susciter des ambitions locales aux élections municipales de l'an prochain. Le principal vœu qui paraît avoir été émis, sur sa proposition, par le congrès de Romilly, consiste, en effet, à réclamer « la rétribution du mandat de conseiller municipal ». Si les socialistes réussissaient à se faire des rentes en entrant dans une assemblée communale, il n'est pas douteux qu'ils iraient « à la bataille », comme ils disent, avec plus d'entrain et plus de conviction. Déjà les socialistes marseillais, à peine réélus, se sont octroyé des appointements s'élevant à la somme totale de 70,000 francs. Mais il y a encore loin de la coupe aux lèvres, et de pareilles fantaisies, parfaitement illégales, sont susceptibles de recours devant la préfecture qui n'hésite jamais à les annuler.

Ensuite, au point de vue extérieur, ils condamnent la guerre également en bloc. Mais comme cette condamnation a déjà été prononcée depuis un assez grand nombre de siècles *(bella matribus detestata)* et qu'elle n'a servi à rien, les socialistes de Romilly, gens pratiques, ont eu une idée géniale, dont la réussite leur semble certaine.

Ils chargent les élus du Parti, (c'est-à-dire Guesde, Carnaud, Chauvin, et Sauvanet) de « saisir la Chambre, dès la rentrée, d'une proposition de loi tendant à réduire par voie de conventions internationales, graduellement et simultanément, le temps de service actif dans les armées européennes ». Guillaume, Nicolas, François-Joseph et Humbert n'attendaient que ça.

Où le congrès de Romilly a été tout à fait beau, c'est dans sa « déclaration », par laquelle il envoie le salut fraternel aux socialistes belges, italiens et allemands, à côté desquels le Parti des ouvriers français sera toujours fier de combattre », par laquelle en même temps il dénonce « une fois de plus » la duperie « de la prétendue alliance russe, qui nous prend à la fois l'honneur et l'argent, traînant à Kiel la République française à la remorque de l'empire Allemand, après avoir, sous prétexte de revanche, pratiqué sur l'épargne nationale un emprunt de plus de onze milliards ».

On voit tout de suite par ce simple aperçu où nous mènerait « la force croissante du prolétariat organisé », le jour où il aurait la majorité dans les conseils du gouvernement et essaierait de se mettre d'accord avec ses propres principes.

Mais tout cela n'est rien, pas plus que les vœux tendant à la monopolisation par l'Etat des produits pharmaceutiques, ou à l'abaissement des 28 jours à 13 jours et des 13 jours à 4 jours pour les réservistes et territoriaux, ou à la facilité laissée aux communes d'adopter les enfants sans père et de remplir envers eux le devoir des parents. Ce qui est sublime, c'est la prétention du congrès de Romilly de rendre le syndicat ouvrier obligatoire pour tous. Il ne s'agit pas seulement dans l'esprit de ces admirables congressistes d'assurer aux syndiqués la liberté de se réunir et de prendre telles décisions qui leur conviennent, il s'agit d'attenter à la liberté des ouvriers qui ne sont pas syndiqués et de les forcer à s'incliner devant les décisions sans appel du syndicat.

200 syndiqués ont décidé de faire grève, 800 ouvriers non syndiqués de la même usine n'éprouvent nullement le besoin de quitter le travail. Selon la nouvelle règle, ils doivent le quitter, tout de suite, sans observations, ni objections, ni discussion parce que cela plaît au syndicat et que, si le syndicat est entravé dans sa résolution, il n'est plus libre. Et alors le gouvernement, pour assurer la liberté du syndicat qui a décidé la grève, doit aider celui-ci à forcer les non-syndiqués à quitter leur usine.

Le syndicat obligatoire d'un côté, l'arbitrage obligatoire de l'autre, voilà actuellement, au point de vue de l'organisation du travail, les deux conceptions maîtresses du collectivisme guesdiste, ou plutôt les deux marottes que les grands chefs de ce parti d'intrigants ambitieux ont déposées entre les mains de leurs électeurs du Parti ouvrier pour les amuser, les faire patienter et les tenir étroitement sous leur coupe.

Les grands chefs savent parfaitement que c'est absurde, que ces conceptions autoritaires, sont de pures utopies qu'elles ne sauraient devenir matière à législation et que, même devenant légales, elles ne sauraient être appliquées sans provoquer de véritables révoltes.

Mais que leur importe ?

C'est simple comme bonjour.

Nous nous demandions souvent ce que les fortes têtes du collectivisme entendaient par « liberté syndicale » ; les congressistes de Romilly nous éclairent. La liberté syndicale consiste pour les syndicats à dominer sur ceux qui ne sont pas syndiqués et à attenter, quand cela leur plaît, à la liberté des ouvriers qui refusent de reconnaître leur autorité et de se soumettre à leurs décisions.

C'est, en fait, rendre obligatoire, pour tout homme qui veut exercer un métier quelconque, l'affiliation au syndicat.

L'essentiel pour eux est de tenir en haleine cette masse inconsciente d'ouvriers ignorants dont les suffrages leur sont nécessaires pour la satisfaction de leurs ambitions politiques ; et le vrai moyen de les tenir en haleine c'est de leur laisser entrevoir qu'ils seront bientôt les maîtres dans les ateliers et qu'ils pourront mener les patrons à leur guise.

Il paraît que ça a très bien pris à Romilly. Mais, ça prendra-t-il également partout ? Nous en doutons. Il n'est pas possible que les ouvriers soient aussi bêtes que le supposent ceux qui ont la prétention de les conduire à la conquête du bonheur, en passant par celle des pouvoirs politiques.

Etienne Junca.

Le Républicain d'Orléans

15 septembre [illegible]

Le Petit Ardennais
Charleville
13 Septembre, 189

Clôture du Congrès Ouvrier

Romilly-sur-Seine. — Le treizième congrès du Parti ouvrier s'est occupé, dans ses trois dernières séances d'hier, des questions suivantes :

1° Syndicats obligatoires ; 2° Renouvellement du conseil national et administration intérieure du Parti ; 3° Situation de la femme dans l'industrie ; 4° Les ouvriers des arsenaux ; 5° Les inscrits maritimes.

Sur la première question, le congrès, à l'unanimité, décide qu'il y a lieu d'ouvrir une campagne en vue d'une loi rendant obligatoires pour tous les ouvriers d'un même métier, sans distinction de syndiqués ou de non-syndiqués, les décisions de la chambre syndicale en matière de salaire et de conditions du travail.

A l'unanimité, le congrès élit membres du conseil national du parti, pour l'exercice 1895-96, MM. Carnaud, Chauvin, Ferroul, Guesde, Lafargue, Dereure, Zévaès, Roussel, Prévost, Mausse, Fortin et Mme Aline Valette.

Sur la proposition de M. René Chauvin, le congrès décide que « tous les trois mois, un rapport doit être adressé au conseil national par les secrétaires de tout groupe et de toute fédération du parti, rapport établissant le nombre des adhérents, la situation financière des groupes, les conflits survenus entre travailleurs et employeurs, le salaire moyen des ouvriers des deux sexes, etc. »

Sur la question de la situation de la femme dans l'industrie mécanique moderne, Mme Aline Valette présente un rapport très documenté, dans lequel elle montre que la proportion des femmes employées dans les usines et manufactures grandit d'année en année. Elle propose la résolution suivante, qui est acceptée à l'unanimité :

« Considérant que la femme est aujourd'hui industrialisée au même titre que l'homme ; que cette industrialisation a donné naissance à un prolétariat féminin qui, dès cette heure, constitue une force croissante ; que, par suite, il importe, dans l'intérêt de la femme et du socialisme, d'organiser cette force ;

« Le treizième Congrès national du Parti ouvrier invite tous les délégués présents à aider de tous leurs efforts à l'organisation syndicale et fédérative des travailleuses. »

Sur la proposition de MM. Albert Mahieu et V. Landrin, délégués des groupes socialistes de Cherbourg, « le congrès décide de prendre en considération les revendications des ouvriers et employés des arsenaux et établissements maritimes et donne mandat aux élus du Parti ouvrier de transformer ces revendications en propositions qui seront soumises au Parlement. »

Le congrès aborde enfin la question des inscrits maritimes et adopte, comme premières bases d'un programme maritime, les revendications essentielles suivantes :

« 1° Minimum de pension de retraite pour les inscrits maritimes de toutes professions, porté à 600 francs, au moyen d'un impôt spécial sur les armateurs et les compagnies de navigation ;

2° Création d'un conseil du travail maritime élu par les syndicats des marins de commerce et pêcheurs ;

« 3° Douze heures de travail sur le pont et huit heures par vingt-quatre heures dans les soutes, avec repos hebdomadaire de vingt-quatre heures, sauf le cas de force majeure ;

« 4° Minimum de salaire fixé par les inscrits maritimes dans leur congrès de Paris (1893). 90 francs sur le pont ; 100 francs dans les soutes et 120 francs devant les feux ;

« 5° Exercice des droits politiques des marins ;

« 6° Création des conseils de prud'hommes maritimes ;

« 7° Suppression des tribunaux maritimes et retour au droit commun pour les travailleurs de la mer. »

Le congrès renvoie à l'étude du conseil national le soin de compléter par des revendications nouvelles le programme maritime.

Les travaux du congrès sont alors clos. M. Carnaud prononce une allocution où il se félicite du calme qui a présidé aux séances du congrès et de l'unanimité avec laquelle toutes ses décisions ont été prises.

M. Jules Guesde adresse les remerciments du Parti ouvrier aux socialistes de Romilly qui ont organisé le congrès.

A huit heures du soir s'est tenue, salle du Théâtre, une grande conférence publique sur les résolutions du congrès et la grève de Carmaux. MM. Carnaud, Chauvin, Sauvanet, députés, A. Zévaès, Roussel, Pédron, etc., ont pris tour à tour la parole. A l'unanimité, la réunion a voté un ordre du jour, « ratifiant les résolutions du congrès, approuvant le programme du Parti ouvrier français et félicitant les verriers carmausins. »

La Vérité

1er Septembre 1895

LE CONGRÈS DE ROMILLY

Nous avons signalé l'ouverture, à Romilly (Aube), du treizième congrès national du « Parti ouvrier », et résumé la première séance.

Le second jour, le congrès a abordé la deuxième question de son ordre du jour : la politique coloniale.

Après un exposé de M. Lafargue, une résolution est votée à l'unanimité, condamnant les expéditions coloniales pour lesquelles aucun socialiste conscient ne votera jamais ni un homme ni un sou.

Le congrès aborde ensuite la troisième et la quatrième question : la politique extérieure et le service universel donnent lieu à une discussion à laquelle prennent part MM. Guesde, Lafargue, Planteau, etc.

Une résolution est votée à l'unanimité, acclamant la paix entre les peuples et chargeant les députés du parti de saisir la Chambre, dès la rentrée, d'une proposition de loi tendant à réduire, par voie de conventions internationales, graduellement et simultanément, le temps de service actif dans les armées européennes.

La 5e question, « De l'action des élus dans les assemblées départementales », est discutée par MM. Delong, Chauvin, Guesde, Pedron, Pouillange, Carnaud, etc.

Elle aboutit à un ordre du jour invitant les groupes du parti à envoyer au congrès national, deux mois avant l'ouverture de ses séances, leurs divers vœux et propositions, pour qu'ils puissent être unifiés et présentés à la fois dans les conseils généraux et d'arrondissement.

Dans sa troisième séance, le congrès, constatant avec joie que les rapports des délégués donnent les élections municipales prochaines comme se présentant dans les meilleures conditions pour le parti ouvrier français, certains départements devant donner au moins 50 municipalités socialistes, décide que, partout où on trouvera des camarades indépendants pour accepter des candidatures, la lutte sera engagée ; que là où l'on ne compterait pas sur des résultats immédiats, dans les quelques localités où il existe des sections socialistes, il y aura lieu, dans l'intérêt de la cause commune, et pour assurer la défaite de la réaction, d'arriver à une entente préalable entre le parti et ces sections, pour ne maintenir au second tour que les candidats socialistes les plus favorisés.

Enfin, voici le résumé des décisions prises dans la dernière séance :

Le congrès a décidé que les élus du parti dans les conseils municipaux auraient à transmettre au conseil national les mesures proposées ou adoptées en exécution du programme municipal du parti.

Le congrès proteste contre la gratuité des fonctions électives, attentatoire, comme le cens autrefois, à la souveraineté nationale.

Le congrès décide d'ouvrir une campagne d'agitation en vue de la loi rendant obligatoires, pour les ouvriers du même métier, syndiqués ou non, les décisions de la chambre syndicale en matière de tarifs de salaires et de conditions du travail.

Le conseil national, composé de MM. Guesde, Lafargue, Chauvin, Prévôt, Roussel, Zevaes, Ferroul, Derenne, Alice, Valette, Moussa et Fortin, décide que le parti ouvrier sera représenté à Londres, au congrès international de 1896, par le conseil national.

Il émet un vœu tendant à obtenir l'élection, par les ouvriers et ouvrières, des inspecteurs et inspectrices du travail.

Le congrès national est chargé de préparer une loi qui sera présentée pour supprimer l'inéligibilité des vieillards assistés ou indigents.

Le congrès, considérant que le nombre des femmes, employées dans l'industrie, croît chaque jour, invite les délégués, aussitôt rentrés dans leurs groupes respectifs, à travailler à l'organisation des groupes d'ouvrières.

Le congrès a émis un vœu tendant à ce que l'Etat monopolise la fabrication des produits pharmaceutiques ; un autre vœu demandant que l'Etat accorde aux communes la faculté d'adopter des enfants sans père, à condition pour elles de remplir toutes les charges afférentes au rôle de père.

Le congrès a adopté un dernier vœu ainsi conçu :

« Le congrès décide d'élaborer un projet de loi tendant à réduire de 28 à 13 jours et de 13 à 4 jours les périodes d'instruction des réservistes ».

Le congrès a encore voté les vœux suivants :

Minimum des pensions de retraite, pour les inscrits maritimes de toutes professions, porté à 600 francs au moyen d'un impôt spécial sur les armateurs et les compagnies de navigation ;

Création d'un conseil du travail maritime, élu par les syndicats des marins du commerce et pêcheurs ;

Réglementation du temps de travail : 12 heures par jour : 4 heures sur le pont et 8 heures devant les feux ; un jour de repos complet par semaine, sauf le cas de force majeure ;

Minimum de salaire : 90 francs sur le pont, 100 francs dans les soutes et 120 francs devant les feux.

Sécurité garantie par le maximum de chargement, par le maximum de vitesse, par le maximum d'équipage, d'après la jauge des navires et la force des machines ; par l'inspection des navires au départ, par les prud'hommes maritimes et par l'assurance obligatoire du personnel et de ses effets ;

Suppression des tribunaux maritimes et retour au droit commun pour les travailleurs de la mer.

Le conseil national est chargé de fixer le siège du prochain congrès, en prévenant les groupes trois mois à l'avance.

Deux réunions complémentaires ont été tenues hier mercredi par la « fédération de la Jeunesse socialiste de France ». En voici le résumé :

Les groupes de Paris, de Lyon, de Troyes, de Roubaix, de Saint-Denis, de Saint-Ouen, de Toulouse, de Roanne, etc., étaient représentés.

Le congrès s'est prononcé pour la lutte des classes, l'expropriation économique et politique de la classe bourgeoise et l'internationalisme.

Il a émis des vœux tendant à la gratuité de l'enseignement à tous les degrés, à la création de cantines scolaires, à l'interdiction du travail aux enfants au-dessous de quatorze ans, à la fixation d'un maximum de six heures de travail par jour pour les jeunes gens de quatorze à dix-huit ans, à la protection des apprentis par les corporations, à la suppression de l'armée permanente et à l'armement général du peuple, et enfin à la fixation de l'âge de vingt-un ans pour l'électorat au conseil des prud'hommes.

Il y a là telle motion qui en dit long sur les dispositions mentales, notamment sur les propensions jacobines, des pupilles du socialisme.

Le Progrès, 13 Septembre

DIJON, 13 Septembre 1895

COURRIER

De braves gens qui seront un peu étonnés, s'ils lisent les journaux en ce moment, ce seront d'abord les bons pêcheurs bretons, les gars qui servent la République dans la marine ou qui font le quart sur un caboteur : ils y apprendront qu'un congrès socialiste a découvert le moyen d'améliorer leur sort, dont ils ne se plaignent guère, du reste, étant, de naissance, les hommes du devoir. C'est à Romilly, pays de bonnetiers, qu'a été projetée, exposée, sinon accomplie, cette réforme de l'état de marin. Le congrès a tout prévu : pension de retraite, fixation du nombre d'heures de présence sur le pont et devant les feux, suppression des tribunaux maritimes et même « obligation d'un jour de repos complet par semaine ». Voilà une dernière précaution qui dénote des esprits réellement pratiques ! Le mathurin chômera donc si la bise souffle ? Rassurez-vous : le congrès y a paré ; il a fait suivre son ukase de cette correction : « Sauf le cas de force majeure ». C'est ainsi que le socialisme et les éléments se combinent et s'entendent. Dans tous les ports, les matelots légendaires peuvent mettre toutes voiles au vent, dans les cabarets : ils sont bien heureux ; le congrès de Romilly les protège !

Et, après les inscrits maritimes, combien d'autres catégories de citoyens ont lieu de se réjouir de cette sollicitude des congressistes ? Personne n'a été oublié dans la distribution des vœux. On a songé aux pharmaciens, par exemple, en leur faisant entendre qu'il est désirable que l'État monopolise la fabrication des drogues ; c'est la suite d'une campagne qui, comme on sait, a été entreprise par les socialistes à Roubaix et à laquelle l'administration a dû couper court, parce qu'elle la trouvait, à bon droit, aussi injuste que peu motivée.

Le congrès a songé aussi aux vieillards assistés et indigents. La première idée qui, à ce sujet, se présenterait à l'esprit d'un « bourgeois », serait d'accorder un surcroît de soins à ces vieillards. Le congrès a d'autres préoccupations : il veut leur donner l'*éligibilité*, c'est-à-dire le droit de faire partie d'assemblées aussi choisies que celles de Romilly, Marseille, etc.

Les malheureux aimeraient certainement mieux, chaque midi, une topette de vin, mais le congrès s'occupe de l'âme plus que du corps. De même pour les enfants : le congrès veut accorder aux communes le droit d'adopter des « enfants sans père » à condition de remplir toutes les charges afférentes à ce rôle. Dans certains cas, les éducations de ces orphelins seraient bien dirigées !

Quoi encore ? Le congrès a étendu la main vers les réservistes et il a souhaité que la période de leurs fatigues fût diminuée et transformée en de petits exercices variant de quatre à treize jours. Et nous ne sommes pas au bout de cette tâche si énergiquement entreprise et achevée par le congrès en trois jours. On a vu, dans nos correspondances, que le temps nécessaire a été consacré à la flétrissure du capital, à la proclamation de l'internationalisme, à la répudiation des aventures coloniales, à l'organisation du Parti... C'est un cycle de toutes les connaissances humaines que ces congressistes ont parcouru, avec une égale largeur de vue et une égale abondance d'ordres du jour.

Qu'on n'en soit pas surpris et qu'on ne conçoive pas trop d'admiration pour une telle activité d'esprit chez des socialistes qui pourraient être pris pour la masse du parti : ce congrès de Romilly n'est qu'un congrès guesdiste. C'est M. Guesde et M. Paul Lafargue, avec un tout petit noyau d'amis, qui ont préparé, dirigé ces assises du prolétariat : ils y ont transformé en vœux très verbeux les fruits de leurs lectures de cet hiver ; c'est de la « copie » d'encyclopédie socialiste qui n'a point été placée.

Petit Centre
Limoges
Septembre 1895

La Touraine Républicaine
Tours
14 Septembre 1895

Les Congrès socialistes

Le congrès socialiste, ou plutôt les congrès qui viennent de se tenir à Romilly, nous remettent en mémoire le fameux congrès de Tours qui, l'année dernière, réunissait à la salle du Manège une vingtaine de militants socialistes de la région.

C'était, en vérité, un spectacle plaisant que celui de ces vingt augures discutant sans rire, en un pathos imagé, les plus hautes questions politiques, résolvant d'un tour de langue les plus graves problèmes, enseignant avec un aplomb étourdissant les doctrines les plus étranges.

M. Lavy était là, souriant et débonnaire, laissant toute licence à ces orateurs grisés de leurs propres paroles, puis, quand ils étaient hors d'haleine, secondé par M. Prudent-Dervillers, il remettait les choses au point et s'efforçait d'adapter à l'évangile de la secte les leçons parfois baroques des congressistes.

Il y avait, à ce congrès, de vieux républicains de 1848 qui, parce qu'ils étaient alors aux avant-postes, s'imaginent aujourd'hui qu'ils doivent suivre l'évolution des ambitieux qui siègent aux dernières stalles de l'Extrême-Gauche.

Il y avait de braves jeunes gens, oisifs à cette époque et par qui des Libre-Pensée de Vendôme ou de Blois, des groupes d'études sociales d'ici ou d'ailleurs, de partout, se faisaient représenter — dix par un.

Il y plut des discours — des discours à n'en plus finir, de ces discours prolixes aussi contraires à la clarté du débat et à l'expédition des affaires qu'une robe trop longue l'est à la course. On siégea huit jours, et tous ces braves gens s'imaginèrent qu'ils sortaient d'un Parlement.

C'est qu'ils ne s'étaient pas contentés de débattre un certain nombre de points relatifs à la situation des travailleurs en général, — les seuls points sans doute où ils soient d'une compétence réelle. Ils s'étaient occupés, comme à Romilly, de la politique extérieure, de la constitution des armées européennes, des moyens d'établir la paix universelle, de la suppression des armées permanentes; de la politique coloniale, de la revision de la constitution par le peuple, des droits politiques des marins, du service des réservistes, de l'adoption des enfants orphelins par l'Etat, et, peut-être bien avant la lettre, de la nationalisation des pharmacies, etc., etc.

Ils avaient bien traité aussi de la nationalisation de tous les biens et de la confiscation de la propriété, petite ou grande. Mais M. Lavy les avait arrêtés à temps dans une voie qu'il considérait comme dangereuse pour l'avenir du parti : gardons-nous bien d'effaroucher les paysans, qui sont petits propriétaires!...

Mais il n'importe. N'est-il pas étrange de les voir perdre leur temps à aborder et à résoudre des questions de politique générale, lorsqu'ils se réunissent en congrès professionnels où leurs intérêts de travailleurs devraient être leur seule étude ? Croient-ils les servir en se lançant ainsi, inconsidérément, dans les polémiques des partis ! Ces empiètements sur le terrain des institutions constitutionnelles ou des luttes politiques enlèvent au contraire toute autorité aux décisions qu'ils peuvent prendre.

Cela peut faire les affaires des politiciens qui les dominent et les entraînent ; cela ne fait pas les leurs propres.

Le Réveil du Nord
14 septembre 189[illegible]

Le Congrès de Romilly

XIIIe CONGRÈS NATIONAL DU PARTI OUVRIER

Septième et dernière séance

Situation des inscrits maritimes.

1° La pension de retraite des marins

Président : Carnaud (Marseille).

Assesseurs : Dutertre (Calais) et Doreure (Paris).

Après la lecture de différentes adresses (Clovis Hugues et de Millau), la discussion s'engage sur la question des *inscrits maritimes* et de leurs desiderata.

Dès le mois de juin, le conseil national avait adressé aux différents syndicats de marins un questionnaire de 25 questions, relatif à la petite pêche, à la grande pêche et à la situation des marins de commerce. C'est sur les réponses envoyées au congrès par des groupes socialistes et syndicats de Dunkerque, Calais, Boulogne, Cherbourg, Lorient, Rochefort, Bordeaux, Fouras, Cette, Marseille, etc., que s'est engagée la discussion au congrès, discussion à laquelle ont pris part les citoyens Carnaud, Chauvin, Guesde, députés, Paul Lafargue, Mahieu, Corgeron, Landrin, Monteux, secrétaire général de la Fédération nationale des inscrits maritimes, etc.

Le citoyen Monteux, représentant la fédération nationale des syndicats maritimes, a la parole. Dans son rapport très détaillé, il expose qu'il y a 23 syndicats depuis 1890 représentant plus de 30.000 marins. Il expose la situation des inscrits, au service de l'Etat jusqu'à 50 ans, et il parle de la question des retraites, où les marins sont exploités. Et il émet au nom de ses mandants certains vœux ayant pour but de mettre fin à l'exploitation à laquelle sont soumis des gens travaillant plus de 20 heures par jour. Les syndicats maritimes ont demandé qu'en ce qui concerne le salaire, le temps de travail, la sécurité de son métier, on adopte des mesures préservatrices, notamment en ce qui concerne la réglementation de la limite de charge, le nombre d'hommes embarqués, la composition des équipages et les assurances en cas d'accidents.

[illegible] ainsi que le citoyen Mahieu (Cherbourg) posent certaines questions au citoyen Monteux à propos de la retraite des marins. On adopte à ce propos la proposition suivante :

Minimum de la pension de retraite pour les inscrits maritimes de toute profession porté à 600 francs au moyen d'un impôt spécial sur les armateurs et les compagnies de navigation.

La proposition est adoptée.

2° Direction centrale de la marine marchande

La seconde question était la « Création d'une direction centrale de la marine marchande ». Guesde propose la « Création d'un conseil supérieur du travail maritime élu par les syndicats des marins de commerce et pêcheurs ».

Cette proposition est adoptée à l'unanimité.

3° Réglementation des heures de travail et minimum de salaire

La troisième question avait rapport aux « conditions de travail ». Le Congrès adopte la proposition suivante : « Réglementation des heures de travail, 12 heures par 24 sur le pont ;

heures devant les feux :
Un jour complet de repos par semaine, sauf le cas de force majeure.
Fixation d'un minimum de salaire de 90 francs sur les ponts, 100 francs dans les soutes, 120 francs devant les feux »

C'est le minimum de salaire fixé par les intéressés eux-mêmes dans leurs Congrès maritime de 1893.

4° Conseils des prudhommes maritimes

Quatrième question: *Conseils des prudhommes maritimes.*

Le Congrès décide : Etablissement de conseils avec les mêmes droits et attributions que les autres conseils de prudhommes.

5° La sécurité en mer

Cinquième question : la *Sécurité en mer.* — 1° Par un maximum de chargement.— 2° Par un maximum de vitesse.— 3° Par un minimum d'équipage d'après la force des machines.— 4° Par l'inspection des navires au départ confiés aux prud'hommes maritimes.— 5° Assurance obligatoire sur les hommes et leurs effets.— 6° Suppression de tout châtiment corporel pour les mousses.

6° Le vote des marins

Il est enfin question du vote donné et assuré aux marins; la question est renvoyée au prochain Congrès, et remise à l'étude du Conseil national.

7° Le droit commun

Retour au droit commun pour les travailleurs de la mer et suppression des tribunaux maritimes.

8. Considérations diverses

Le Congrès donne mandat au Conseil national de s'entourer de toutes les lumières nécessaires pour compléter le programme maritime.

Il prend en considération la proposition du citoyen Roscelin, concernant un salaire fixe pour les pêcheurs.

Le citoyen Dutertre propose, au nom des militants de Calais que tous les délégués au Conseil international passent par Calais.

Le Congrès se termine par une allocution chaleureuse du président Carnaud, constatant la bonne œuvre du Parti et ses progrès.

La réunion publique de clôture

A huit heures et demie du soir s'est tenue une grande conférence publique, salle du théâtre.

Près de 1800 citoyennes et citoyens y assistaient. Cette réunion était présidée par le citoyen Lacroix, conseiller municipal de Romilly.

Tour à tour ont pris la parole les citoyens Carnaud, Chauvin, Sauvanet, députés ; A. Zévaès, Roussel, Mausse membres du conseil national ; Pédron, délégué de Troyes, Ch. Fouillaud, délégué de Montluçon ; Mayeux, délégué de Roanne.

Par acclamations enthousiastes, l'ordre du jour suivant est adopté à l'unanimité :

Les citoyennes et citoyens réunis le 10 septembre ratifient les décisions prises par le 13e congrès national du Parti ouvrier français ;

Approuvent à nouveau le programme et la politique du Parti ;

Envoient aux ouvriers de Carmaux leur salut fraternel et leurs félicitations :

Et lèvent la séance aux cris de :
Vive le Parti ouvrier français !
Vive la République sociale !

Une quête est faite à la sortie de la réunion au profit des verriers de Carmaux.

Adresse des socialistes polonais

Voici le texte du télégramme adressé au congrès du Parti ouvrier français, qui se tient en ce moment à Romilly, par le Parti socialiste polonais :

« Nous sommes chargés de transmettre l'expression de sincère solidarité et les vœux de meilleure réussite aux socialistes français qui ont toujours si bien compris la nécessité, pour le prolétariat international, de la Pologne indépendante, conquise par la classe ouvrière.

« Au nom du Parti socialiste polonais.
« La rédaction de son *Bulletin officiel.* »

Adresse des socialistes russes

Voici d'autre part le salut des socialistes russes, qui luttent d'accord avec nous contre la barbarie czariste :

La rédaction du journal russe publié à Londres, le *Russki Rabotchi* (l'Ouvrier russe), vient d'envoyer au congrès du Parti ouvrier tenu à Romilly le télégramme suivant :

« Socialistes russes envoient saluts fra-
» ternels aux socialistes français. Vive
» l'alliance des peuples contre l'alliance
» des gouvernements ! »

Après le télégramme de sympathie et de fraternité envoyé aux socialistes français par les socialistes allemands pour l'anniversaire de Sedan, celui des socialistes russes ne peut qu'affirmer cette union des travailleurs dans l'univers par le socialisme, malgré les frontières et les haines semées par les maîtres du capital et du pouvoir politique. Oui, nous la réaliserons cette « alliance des peuples contre l'alliance des gouvernements », envers et malgré tous les préparatifs de guerre faits par nos ineptes et criminels dirigeants.

La Lanterne
14 septembre 18[illegible]

LE CONGRÈS DE ROMILLY

Le congrès guesdite de Romilly a clôturé ses travaux par l'adoption d'une série de vœux, dont voici les principaux.

Election par les ouvriers et ouvrières des inspecteurs et inspectrices du travail — création de syndicats ouvriers féminins — monopolisation par l'Etat des produits pharmaceutiques — faculté par les communes d'adopter les enfants sans père — non gratuité des fonctions électives, etc.

Avant de se séparer, le congrès, par l'intermédiaire du tambour de la ville, avait invité les habitants à assister à une grande réunion organisée au profit des grévistes de Carmaux.

MM. Lafargue, Carnaud, René Chauvin ont successivement pris la parole.

Le Petit Troyen
Troyes,
14 septembre, 18[illegible]

C'est un événement considérable, dans l'histoire d'un parti, qu'un Congrès comme celui qui vient d'avoir lieu à Romilly.

Par le nombre des villes et des groupes et fédérations représentées, par le nombre des délégués, par l'importance des résolutions prises, ce Congrès ne le cède pas en importance à ceux des années précédentes. Paris, Lyon, Marseille, Roanne, Roubaix, Calais, Lille, Cherbourg, Montluçon, Troyes, Reims et cent cinquante autres villes avaient envoyé des militants du Parti, et, de samedi après-midi à dimanche soir, la commission de réception a fait continuellement la navette du théâtre à la gare.

Le samedi soir a eu lieu la soirée familiale organisée en l'honneur des délégués présents; et jusqu'à minuit, les chants socialistes ont retenti sans interruption.

Dimanche, le Congrès commençait ses travaux et adoptait tout d'abord une déclaration affirmant l'esprit internationaliste du Parti ouvrier français et saluant les prolétaires étrangers comme des camarades de lutte, soumis aux mêmes lois oppressives, intéressés à une même transformation sociale.

Puis, les citoyens Chauvin et Lafargue, dans leurs rapports respectifs, permettaient au Congrès de se rendre compte des développements énormes et de la prodigieuse vitalité de notre prolétariat organisé ; les rapports de délégués parlant au nom de leurs régions n'ont pas été moins intéressants, car ils ont permis de constater avec quelle ardeur les militants dispersés sur tout le territoire rivalisent d'activité et de dévouement.

Le congrès s'est prononcé avec énergie contre ce qu'on appelle la politique coloniale et, sur ce sujet, Lafargue a prononcé un discours plein d'érudition et de bonne humeur.

La politique extérieure a donné lieu à un très intéressant débat et c'est par des acclamations enthousiastes que l'assemblée a accueilli un projet de résolution condamnant la guerre entre les peuples, flétrissant les instigateurs — couronnés ou non — de conflagrations européennes, et affirmant l'esprit de solidarité et de fraternité qui anime les prolétaires français et leur fait tendre largement les bras à leurs frères de l'étranger.

Le congrès a pris d'importantes décisions en ce qui concerne l'action des élus du Parti dans les assemblées départementales ; maintenant, c'est simultanément que les conseils généraux et d'arrondissement où nous aurons pu pénétrer seront saisis de propositions déterminées à l'avance.

Au sujet des élections municipales de 1896, la discussion a été très longue, très intéressante ; des explications données il résulte que le Parti ouvrier sera maître, le 1er mai prochain, d'un grand nombre d'hôtels de ville ; par esprit de discipline et manifestant son désir d'union, le congrès a adopté une proposition du délégué de Roanne, demandant qu'une entente préalable soit tentée avec les autres fractions socialistes qui présenteraient des listes de candidats concurremment avec les nôtres et cela afin d'assurer la défaite de la réaction capitaliste en ne maintenant, au second tour de scrutin, que les candidats ayant obtenu le plus grand nombre de voix.

Adoptant le principe des syndicats obligatoires, le congrès a voté un vœu demandant que les tarifs de prix élaborés par les syndicats professionnels soient légalement rendus applicables pour tous les ouvriers de la corporation, syndiqués ou non.

Le parti ouvrier qui avait élaboré, dans ses congrès de Marseille et de Nantes, le programme agricole qui lui a permis de faire pénétrer ses propagandistes et sa doctrine chez la population rurale, a jeté, cette fois, les premières bases d'un programme résumant les principales revendications des travailleurs de la mer ; c'est ainsi qu'il s'efforce d'attirer à lui de nouveaux contingents afin d'arriver, dans un avenir prochain, à grouper tous les travailleurs conscients, sans distinction de catégories ou de corps de métiers.

Ajoutons que l'examen des « questions diverses » a donné lieu à de très intéressantes discussions, notamment en ce qui concerne la propagande du parti et les moyens de la développer.

A l'issue de la dernière séance, Jules Guesde prenant la parole au nom de tous les délégués, a remercié la commission d'organisation pour la manière admirable dont son travail était fait, et par ses applaudissements répétés, l'assemblée a approuvé le grand orateur socialiste et s'est associé à ses remerciements.

Certes, les camarades du groupe de Romilly avaient tenu à faire bien les choses ; c'est que ce n'était pas un mince honneur pour eux que la tenue du treizième congrès national à Romilly ; en effet, si le conseil national avait fixé ici le siège de ces importantes assises, c'est pour récompenser le prolétariat romillon de son ardeur et de son dévouement à la cause socialiste.

Les membres du groupe « l'Action » ont suivi avec intérêt les débats du congrès ; ils ont pu se rendre compte de la vitalité et de la puissance de notre parti qui comprend actuellement plus de 600 groupes, qui étaient représentés par 94 délégués.

Inutile d'ajouter qu'une grande réunion publique et contradictoire a clôturé les travaux ; tour à tour les citoyens Carnaud, Roussel, Zévaès, Mayeux, Lafargue, Chauvin, Fouilland, Pédron, Lauvanet et Maussa ont pris la parole et prononcé de vigoureux réquisitoires contre l'ordre capitaliste.

Un ordre du jour acclamant la révolution sociale a été adopté à mains levées et, à la sortie, une collecte faite par de jeunes ouvrières a produit une somme de 31 fr. 05 pour les camarades en grève de Carmaux. Voilà de la belle et bonne besogne ! H. M.

A propos de la conférence du Cirque. — Nous avons reçu au sujet de la conférence du Cirque, au profit des victimes de la grève de Carmaux, différentes communications que nous jugeons à propos de ne point publier, à seule fin de ne pas diviser davantage les ouvriers de Troyes.

La Fraternité sociale de Troyes, groupe socialiste adhérent au Parti ouvrier égalitaire. — Les adhérents sont priés de se réunir ce soir au siège social à 8 heures précises, afin de délibérer sur l'ordre du jour qui est important.

A cette réunion, sera faite une causerie par le secrétaire du comité central sur un sujet des plus intéressants.

Puis d'amples renseignements seront fournis sur notre organisation socialiste et aussi pourquoi nous sommes indépendants de toute organisation troyenne, notre but, etc.

Nous ne pouvons qu'engager tous les adhérents à être exacts.

Nota. — Se munir de la lettre de convocation et de la carte d'adhérent aux groupes. — Pour le groupe, le secrétaire, J. Marel.

Fédération nationale des syndicats et groupes corporatifs ouvriers de France. — Aux travailleurs troyens. Fidèle à sa tactique ordinaire, la Fédération nationale des syndicats et groupes corporatifs de France, voulait porter à la connaissance de tous les Travailleurs troyens les résolutions qui ont été prises dans son septième congrès national. A cet effet, elle avait demandé à la municipalité de Troyes, la salle du Cirque.

La municipalité opportuniste et patronale a refusé la salle aux délégués des syndicats français.

Le congrès dénonce au mépris de la population ouvrière ce refus injusticiable.

Travailleurs, souvenez-vous. — Le Congrès.

Nota. — La réunion annoncée chez M. Jeoffroy, aux Tauxelles, n'aura pas lieu, la salle n'étant pas disponible.

Pour les affamés de Carmaux. — Le comité fédéral des organisations ouvrières de l'Aube porte à la connaissance des travailleurs que la souscription organisée par lui a déjà produit la somme de 521 fr. 05.

Plus une collecte faite à la réception des délégués au congrès de Troyes qui a produit 20 fr. 55. Total général : 541 fr. 60.

Le comité fédéral insiste auprès des camarades conscients pour qu'ils fassent le plus de propagande possible en faveur des grévistes de Carmaux. A cet effet, des listes de souscription sont à leur disposition auprès du secrétaire à la Maison du Peuple. — Le secrétaire du comité fédéral, J. Grée.

Association syndicale des ouvriers et ouvrières de toutes les professions se rattachant à la bonneterie. — Le conseil syndical rappelle aux adhérents de toutes les sections qu'ils pourront se procurer des timbres de cotisation tous les jours, à la Maison du Peuple, auprès du secrétaire général.

Les syndiqués en retard de plus de six mois, sont informés que conformément aux statuts ils seront radiés à la prochaine assemblée plénière s'ils ne se mettent à jour avec la caisse de l'association. — Pour le conseil syndical et par ordre, le secrétaire général, J. Grée

Bibliothèque socialiste du Parti ouvrier. — Les adhérents des syndicats et groupes du Parti ouvrier sont informés qu'ils trouveront toutes les brochures socialistes à la Maison du Peuple.

S'adresser tous les jours de 9 h. du matin à 9 h. du soir.

Le Siècle

14 septembre

LE CONGRÈS DE ROMILLY

ET LES SYNDICATS

14/9

Nous avons, dans le *Siècle*, rendu compte des travaux accomplis par les délégués du parti ouvrier réunis en congrès à Romilly-sur-Seine. Quelques-uns des vœux qu'ils ont émis, des décisions qu'ils ont adoptées appellent particulièrement l'attention. Ainsi, la décision relative aux prochaines élections municipales, décision dont nous avons déjà entretenu nos lecteurs. Ainsi, celle concernant les syndicats obligatoires qui a été votée mardi dernier, à la dernière séance tenue par le Congrès. L'assemblée, sur le rapport présenté, au nom du conseil national, par M. Jules Guesde, a adopté à l'unanimité la décision suivante :

« Il y a lieu d'ouvrir une campagne en vue d'une loi rendant obligatoires pour tous les ouvriers d'une même corporation, sans distinction de syndiqués et de non-syndiqués, les décisions de la chambre syndicale en matière de salaires et de toutes les conditions du travail. »

Cette manifestation en faveur de la tyrannie syndicale ne doit pas nous surprendre. La toute-puissance des syndicats est parfois un état de fait ; les socialistes voudraient qu'elle devînt un état de droit. Cette revendication est une de celles auxquelles ils tiennent le plus : ils comptent sur M. Bovier-Lapierre pour faire voter par le Parlement la fameuse proposition de loi punissant de l'amende et de la prison tout patron coupable d'avoir renvoyé un ouvrier membre d'un syndicat ou même de n'avoir pas accepté ses services. Eux, ils poursuivront le vote de la proposition tendant à rendre obligatoires les décisions des syndicats en matière de salaires.

La campagne menée par M. Bovier-Lapierre et les socialistes ne sera sans doute pas couronnée de succès. Ils ont à compter sur le Sénat et celui-ci, — M. Bovier-Lapierre en sait quelque chose, — a de l'organisation syndicale une conception toute différente. Mais un ministre a déjà appuyé la proposition Bovier-Lapierre et la Chambre l'a accueillie avec faveur. Il se peut, comme le faisait remarquer hier un de nos confrères, qu'il se trouve encore un ministre et une majorité de députés pour admettre que les patrons doivent, sous peine d'amende, voire même de prison, se soumettre aux décisions des syndicats.

ROGER VILLAMUR.

Le Temps

11 septembre

LE CONGRÈS DE ROMILLY

Le congrès guesdiste de Romilly n'aura pas jeté grand éclat sur le mouvement socialiste. Les séances de ce congrès ont été de simples séances d'enregistrement. Il s'agissait de consacrer la toute-puissance de M. Jules Guesde et de ses quelques amis de l'état-major marxiste. On a tout approuvé. On a tout applaudi. On aurait dit d'un bataillon de figurants manœuvrant avec ensemble sous l'œil et le geste menaçants des coryphées. Il n'y a pas eu la moindre discussion sérieuse, pas le moindre débat intéressant. MM. Jules Guesde, Paul Lafargue, Chauvin, etc., sont venus ; ils ont présenté leurs formules toutes prêtes ; et l'assemblée leur a répondu : « Brigadiers, vous avez raison !... » Notons cependant au passage une formule nouvelle, ou peu usitée encore. Dans la liste des revendications guesdistes, nous voyons qu'on demande la limitation de la journée de travail à six heures pour les jeunes gens de quatorze à dix-huit ans. C'est une modification au dogme des trois-huit. La journée de six heures commence à poindre. Puisque *tous* les jeunes gens de dix-sept à dix-huit ans ne pourraient plus faire plus de six heures de travail dans la société collectiviste, il n'y aura pas beaucoup de raisons pour ne pas étendre ce régime à tous les hommes plus âgés. La journée se résoudra alors dans la formule des quatre-six : six heures de travail, six heures de sommeil, six heures de repos et six heures de *far niente*. Rappelez-vous l'épitaphe du Bonhomme :

> Quant à son temps, bien sut le dépenser,
> Deux parts en fit, dont il soûlait passer,
> L'une à dormir et l'autre à ne rien faire.

Des quatre-six, on pourra venir aux six-quatre, puis aux douze-deux !.. Admirable division de la journée en vingt-quatre heures, qui permet toutes les combinaisons et tous les jeux de chiffres pour restreindre la liberté de l'activité humaine et pour amortir le ressort merveilleux et fécond du travail indépendant et volontaire !...

La vanité et l'infécondité de ce congrès de Romilly n'échappe pas aux socialistes eux-mêmes. Le *Parti ouvrier*, qui n'est certes pas un journal bourgeois, publie, sur les travaux (?) de ce congrès et sur l'attitude des chefs guesdistes, un article narquois et sévère. « La fraction dite marxiste (c'est le *Parti ouvrier* qui parle) n'a et ne veut connaître d'autre souci que celui d'arriver au pouvoir et d'y implanter sa dictature jacobino-socialiste. » Et, ailleurs, toujours en parlant des chefs guesdistes : « Le pouvoir ! c'est la convoitise délirante... etc... » Le *Parti ouvrier* ne se fait pas faute de rappeler aux guesdistes qu'il fut un temps où ils affichaient le plus grand mépris pour les sièges électifs, « même municipaux ». Aujourd'hui, « reniant leur passé », les guesdistes n'ont plus souci que d'une « course folle vers les mandats » afin de conquérir le pouvoir « si ardemment convoité » ; et ils sont candidats, encore candidats et toujours candidats, même candidats au Sénat qu'ils veulent supprimer.

Que sont devenus les principes ? La *possibilité* d'être élus a fait fuir tous les vieux scrupules et toutes les anciennes répugnances. C'est ainsi que les guesdistes sont devenus *possibilistes* à leur façon et à leur profit après avoir tant excommunié M. Paul Brousse et ses amis. Aujourd'hui, ils sont contents de leur sort, et ils reprochent quelquefois aux vieux républicains d'avoir « changé ». C'est piquant.

SOCIALISME

Le Congrès socialiste de Romilly-sur-Seine défraye toutes les feuilles publiques. Les résolutions qui ont été votées ne sont, certes, pas nouvelles pour la plupart, mais il en est qui méritent de retenir l'attention. Nous ne faisons pas allusion au vœu tendant à attribuer à l'Etat le monopole des produits pharmaceutiques. C'est une des moindres réformes réclamées bien que, par analogie, elle tende à la suppression de tous les commerces spécialisés. Le Congrès a voulu faire grand, et, selon l'habitude de tous les Congrès socialistes, il a montré en quelle piètre estime il tenait la liberté individuelle. Le Congrès a été d'avis qu'il fallait obtenir du parlement une loi rendant obligatoire pour tous les ouvriers d'un même métier, *syndiqués ou non*, les décisions prises par la Chambre syndicale en matière de tarifs, salaires ou autres conditions du travail. N'est-ce pas la tyrannie syndicale élevée à la hauteur d'un principe et un attentat véritable à la liberté dans toutes ses manifestations ?

Et comme si ce n'était pas assez de comprimer l'ouvrier, de le réduire à rien, d'en faire quelque chose d'inférieur à ce qu'étaient dans les siècles passés les esclaves et les serfs, les tenants du socialisme veulent encore comprimer et réduire à rien la Patrie. Ils trouvent mauvais qu'en face de l'Europe armée formidablement la France songe à garantir l'intégrité de son territoire ou à reprendre par la force ce qui lui a été ravi par la force, qu'elle fasse de chaque citoyen un soldat et qu'à des intervalles réguliers elle appelle tous ses soldats-citoyens sous les armes. Ils trouvent mauvais que la France ait une politique coloniale et des colonies, c'est à dire des débouchés nécessaires à une industrie qui périclite et qui ne peut plus utiliser tous les bras qui s'offrent à elle. Et cependant les socialistes se révoltent quand on conteste leur patriotisme, et ils s'intitulent pompeusement les chevaliers du Travail !

Sans doute, voilà des choses énormes et qu'il suffit de dénoncer pour que, tout de suite, justice en soit faite dans l'esprit public ; mais les socialistes sont des plus habiles et qui savent dorer la pilule. Selon la classe les explications sont différentes.

Aux hommes instruits ils représentent la révolution sociale comme la conséquence naturelle, inévitable de la révolution économique en train de s'accomplir. Aux ouvriers ils disent que cette révolution sociale n'a qu'un but : assurer à l'ouvrier la jouissance du fruit entier de son travail. Aux paysans, plus difficiles à convaincre parce que leur attachement au sol est indestructible, ils disent que bien loin de porter atteinte à la propriété ils veulent que cette propriété soit arrachée au rentier et au jouisseur pour être attribuée à celui-là seulement qui la cultive. Et pourtant, ce que désirent en réalité les socialistes, ce n'est point une révolution sociale à la suite de laquelle ils risqueraient fort de n'être point, comme à cette heure, parmi les privilégiés ; ils travaillent de toutes leurs forces à amener une révolution politique dont ils seront les meneurs pour en être après les exploiteurs.

Cette révolution politique, qui attirerait sur notre pays des désastres inconnus et interromprait, peut-être pour de longues années, la marche de la civilisation, il appartient aux républicains sincères de la prévenir, non pas en faisant aux socialistes des concessions ridicules dictées par la peur, mais en mettant un terme à leurs querelles intestines pour se consacrer tout entiers aux réformes dont il est permis d'attendre un peu plus de justice distributive et par là même un apaisement entre ce qu'on est bien forcé d'appeler les diverses couches sociales.

FOMBARLET

ournal de Roubaix

[illegible] Septembre 189[illegible]

La Paix

10 Septembre 189[illegible]

Le Congrès de Romilly

Tandis que les chemins de fer du Sud, les grèves et l'affaire Colson occupent une moitié du public, Bouteilhe et Madagascar l'autre moitié, on semble trop oublier que la date des élections municipales est proche et qu'il faudrait songer à s'organiser en vue de la lutte.

Les adversaires de la république progressiste ne s'endorment pas, et, par les événements même, ils se font une propagande à bon marché.

Les socialistes révolutionnaires de Carmaux et d'ailleurs sont tenus en haleine par la grève et les morceaux de rhétorique qu'on leur sert à ce propos.

Mais quelle impartialité attendre d'une opposition systématique et sans scrupules ?

Madagascar, par exemple, est exploité contre nos gouvernants...

A Romilly, les socialistes déclarent qu'ils ont le dessein de livrer une lutte acharnée et de poser « partout » des candidatures municipales.

Ils attendent avec impatience la rentrée des Chambres pour trouver le prétexte de scandales et de bruit où ils trouveront naturellement leur compte.

Leur organisation est faite, plus sérieusement qu'on ne le croit ; leurs divisions ne sont qu'à la surface. En réalité, ils s'entendent afin de poursuivre un but néfaste, d'amener des conflits où la République pourrait sombrer ; c'est donc aux républicains, aux véritables amis du progrès et des réformes incompatibles avec les désordres et les troubles civils, de s'armer eux aussi pour maintenir ferme leur drapeau et pour ne pas perdre le terrain conquis.

Il leur appartient, autant que possible, de prévenir de fatales secousses, d'apporter l'apaisement, de promettre seulement ce qu'ils peuvent tenir, de prémunir le peuple contre les ambitions qui ne demandent qu'à s'exercer à ses dépens, de lui faire comprendre que des mesures violentes n'amèneraient qu'une réaction également violente, et que son pouvoir ne peut et ne doit se manifester que par les libres suffrages.

X. Junot.

Le Peuple
Lyon
Septembre

NOS CONGRÈS

L'importance matérielle du congrès de Romilly a été considérable, le nombre des délégués, celui des groupes représentés étaient beaucoup plus forts que dans les congrès précédents, ce qui démontre que les forces du Parti ouvrier ont énormément augmenté depuis le dernier congrès de Nantes.

N'en déplaise aux feuilles opportunistes, gouvernementales, anarchistes et possibilistes, les questions qui y ont été traitées et résolues prouvent que de plus en plus le parti socialiste devient conscient, maître de lui-même, qu'il est discipliné et marche avec autant de fermeté que de prudence vers le but qu'il s'est assigné: l'émancipation de la classe ouvrière.

Aussitôt réunis, les représentants de cette classe ont pu constater les progrès accomplis par le socialisme, progrès qui ont eu comme conséquence les sièges électifs enlevés, la fuite de Casimir-d'Anzin suivant l'élection Gérault-Richard, ainsi que les nombreux succès électoraux remportés aux élections départementales.

Le congrès a ensuite salué les vaillants de Carmaux qui ne défendent pas seulement leur pain, mais les droits politiques et la liberté syndicale de la France ouvrière tout entière.

Condamnant dès le début les folies coloniales, les délégués ont protesté contre l'abattoir de Madagascar, ajouté à l'abattoir du Tonkin, en appelant de tous leurs vœux l'heure où justice pourra être faite des criminels auteurs de ces meurtrières flibusteries.

Puis le Congrès dénonce la duperie de l'alliance russe, qui déjà a servi de prétexte à une saignée de plusieurs milliards, pratiquée sur l'épargne française.

Enfin, après avoir félicité les socialistes italiens et belges des victoires remportées, le Parti ouvrier français, par la voix de ses délégués, a crié : bravo et merci aux socialistes d'outre-Vosges qui, fidèles au devoir international se sont, si héroïquement, au péril de leur liberté, mis en travers des fêtes commémoratives de Sedan.

Telle a été la magistrale façon de débuter de ce congrès, qui a ajouté au programme politique et au programme municipal du Parti, un programme maritime, ce qui nous permettra dorénavant de nous adresser aux travailleurs de l'usine, de la terre et de la mer.

Pourtant, avant même que la série des programmes soit complète, le Parti ouvrier a réuni, en 1895, plus de 168,000 voix dans des élections qui ne sont pas purement politiques.

La puissance d'extension du Parti s'est encore manifestée par la création, dans différentes régions, de quatre journaux quotidiens et cinq journaux hebdomadaires.

C'est par ces encourageantes constatations et par ces crânes affirmations que ce mémorable congrès de Romilly a préludé à ces travaux.

Il serait trop long d'étudier ici les conséquences des résolutions votées, toutes à l'unanimité.

Une brochure spéciale va être éditée par les soins du Conseil national, dans laquelle seront relatées les discussions ; qu'il suffise aujourd'hui de constater que les délégués, venus avec des mandats fermes, des points les plus différents du territoire, n'ont jamais été en désaccord que sur des questions de détail.

Le congrès de Romilly sera le seul congrès du Parti Ouvrier tenu en 1895, les fractions dissidentes n'ayant pas jugé à propos de se réunir cette année. Est-ce prudence ou apaisement? Peut-être les deux. Nous serions heureux pourtant de pouvoir interpréter cette abstention dans le second sens.

En tout cas, on peut affirmer sans crainte, que la classe ouvrière, organisée politiquement sous le titre de Parti Ouvrier, est après le Congrès mieux armée pour le combat, plus sûre d'elle-même et plus apte à la victoire.

Le Congrès Syndical, réuni actuellement à Troyes, complètera l'œuvre de celui de Romilly et achèvera l'organisation des travailleurs sur le terrain économique et professionnel, comme nous l'avons fait sur le terrain politique.

Ainsi organisés et équipés, les prolétaires français pourront combattre avec confiance et succès sur tous les terrains.

C. FARJAT.

Le Journal de Roubaix
Septembre

Républicain Orléanais
Orléans, 18 [illegible]
[illegible] Gironde [illegible]

« L'Esprit Nouveau » Socialiste

Le treizième Congrès national ouvrier français s'est tenu à Romilly; nul ne songe à lui contester ce droit. Outre M. Jules Guesde, trois députés l'honoraient de leur présence : MM. Chauvin, Sauvanet et Carnaud. On ne peut pas toujours s'offrir des Jaurès, et faute de grives, nous voulons dire faute de héros illustres, on est bien obligé de se rabattre sur les Childebrands. Mais tout cela ne nous regarde pas, ce sont détails intimes et de cuisine si l'on peut s'exprimer ainsi. Ce qui intéresse le public et ce qu'on devrait bien lui expliquer une bonne fois, c'est la raison pour laquelle les socialistes se partagent ainsi en petits paquets et s'en vont dans des petits coins faire bande à part et congresser en tapinois et en quelque sorte à la sourdine. Oh ! nous savons bien qu'on en a donné des raisons, et beaucoup; mais c'est justement là ce qui nous inquiète; on en a trop donné pour n'avoir pas oublié de donner la bonne, la vraie, la seule. Quand nous disons que cela nous inquiète, on comprend bien que c'est une façon de parler, car, à nos yeux, tous les socialistes se valent, et, de quelque façon qu'ils cherchent à se différencier, de quelque épithète dont ils se baptisent pour se distinguer entre eux, ils sont tous frères et de la même famille de farceurs.

Si l'on en pouvait douter, il suffirait de lire le compte-rendu d'un de leurs Congrès et de le comparer à celui du Congrès voisin. C'est bonnet blanc, blanc bonnet. On y dit les mêmes choses dans les mêmes termes, on y débite les mêmes injures, les mêmes sottises, on y formule les mêmes menaces, enfin et surtout on y fait miroiter aux yeux des naïfs et des simples qui écoutent les mêmes promesses menteuses et les mêmes espérances irréalisables. C'est l'histoire du Congrès de Romilly et de tous les Congrès passés, présents et à venir. Alors à quoi bon ces petites parlottes dont les organisateurs semblent n'avoir d'autre préoccupation que d'apprendre au public à ne point les confondre avec le coin du quai? La concurrence est l'âme du commerce, c'est convenu; mais serait-elle également l'âme du socialisme? C'est inadmissible : un des principes fondamentaux du socialisme consiste à dénoncer la concurrence comme la pelée, la galeuse, responsable de tous les crimes de la société bourgeoise et capitaliste, et nous nous refusons à croire que des socialistes aussi bon teint que le citoyen Jules Guesde et ses trois collègues se montrent aussi peu scrupuleux de ce grand principe.

Et pourtant, tout autre explication nous paraîtrait inexacte, et en particulier celle qui consiste à représenter les socialistes comme en proie aux dissensions intestines et constamment à la veille de se dévorer entre eux. Nous savons leur rendre plus de justice et reconnaître que si, sur quelques points de détail sans importance, ils diffèrent entre eux et ne se l'envoient pas dire, au fond, ils s'entendent à merveille et, d'un commun accord, tendent au même but par les mêmes moyens. En cela, du moins, nous partageons entièrement l'avis des socialistes dissidents, c'est-à-dire des anarchistes : il n'existe plus, en réalité, que deux catégories ou plutôt deux écoles de socialistes : l'une, qui prétend d'abord conquérir les pouvoirs publics, et ensuite décréter la révolution sociale; l'autre, qui méprise profondément la première et qui entend procéder tout de suite, toute affaire cessante, au chambardement universel. On conviendra que les anarchistes ont de bonnes raisons pour être bien renseignés : grandis dans le sérail, ils en connaissent les détours; mieux que quiconque, ils sont au courant de l'état d'âme de leurs anciens camarades, et ils savent qu'un « esprit nouveau » a soufflé sur la plupart d'entre eux depuis qu'ils sont entrés dans la Capoue parlementaire et qu'à force d'en vanter les charmes à leurs amis et aussi, bien entendu, de leur expliquer l'importance stratégique de cette position, en vue de la révolution sociale, ils leur ont fait venir l'eau à la bouche et les ont convertis sans trop de peine au nouveau principe consistant dans la conquête des pouvoirs publics.

La chose n'a point marché toute seule au début et il n'a fallu rien moins que l'imagination du citoyen Jaurès pour découvrir une explication de cet « esprit nouveau », capables de calmer les scrupules des purs et surtout de ne point laisser trop voir le bout de l'oreille des malins. Ledit Jaurès a publié à cet égard toute une théorie pour démontrer que s'il était indispensable de faire entrer au Palais-Bourbon et même au Sénat le plus grand nombre possible de socialistes, c'était pour assurer partout des points d'appui aux travailleurs et pour désorganiser ces institutions bourgeoises avant de leur donner l'assaut final. Les simples n'en ont pas demandé davantage; d'autres, moins candides, ont compris qu'on voulait leur faire prendre des vessies pour des lanternes, et ils ont fait bande à part. C'est depuis lors, ainsi que nous le disions plus haut, qu'il n'existe plus, à proprement parler, que deux groupes ou deux écoles de socialistes : d'un côté, ceux dont le principal souci est *d'émarger*; de l'autre, ceux qui ne demandent qu'à cogner. Or, ces prémisses une fois établies et connues, il devient extrêmement facile d'expliquer et de comprendre l'infinie multiplication des sous-groupes socialistes. Simple tactique électorale, rien de plus, rien de moins. Les *beati possidentes* actuels n'ont pas seulement à se préoccuper de leurs propres intérêts électoraux : ils ne se sont fait pardonner de prendre leur part de la fameuse assiette au beurre qu'en promettant à tous les copains en général et à chacun en particulier de leur procurer une place au banquet. Or, plus sera varié de nuances l'approvisionnement de candidats à présenter aux électeurs, plus on aura de chances d'augmenter le nombre des élus, et voilà pourquoi le parti se fractionne tant qu'il peut. A l'antique devise : diviser pour régner, ils ont fait subir une légère modification, et ils disent aujourd'hui : nous diviser pour nous faire élire. Ce n'est pas si maladroit; mais nous serions bien naïfs de nous laisser prendre à leurs grimaces et de voir dans leurs apparentes discordes un symptôme de faiblesse. Dussent-ils, d'ailleurs, se manger un jour les uns les autres, croit-on que cela suffirait à calmer leur appétit? Ce serait une façon de se l'ouvrir.

Le Ralliement, Belfort, 19 Septembre 1895.

Le congrès de Romilly.

Que reste-t-il du congrès socialiste qui s'est tenu à Romilly ? Beaucoup d'injures à l'adresse du gouvernement et du capital bourgeois, beaucoup de menaces, et la menue monnaie des promesses obligatoires.

Nous avons déjà vu nombre de ces congrès échouer dans le même formulaire. Celui de Romilly ne peut que confirmer les lecteurs impartiaux dans l'idée que le socialisme actuel n'est qu'une école de haine et d'impuissance.

Il s'est néanmoins dégagé de la parlotte de Romilly une idée générale qu'il est bon d'exprimer.

La voici :

Il sera indispensable, aux prochaines élections, de faire entrer à la Chambre et au Sénat le plus grand nombre possible de socialistes.

C'est la théorie qu'a émise le citoyen Carnaud, après M. Jaurès qui s'en était fait le propagateur dans de précédents congrès.

Carnaud et Jaurès — de même que Guesde, Chauvin, Faberot et autres — sont dans la catégorie des socialistes repus et nantis. Le mandat législatif était pour eux un but. Ils l'ont atteint ; il faut qu'ils s'y maintiennent. Voilà pourquoi ils prêchent maintenant sur la nécessité d'un socialisme parlementaire.

Reste à savoir si le *vulgum pecus* qui leur emboîte le pas acceptera pour argent comptant cette théorie. Tous les grévistes, tous les déclassés qui forment la clientèle ordinaire des meetings, ne sauraient se contenter du maigre menu que leur offrent M. Jaurès et ses amis.

Jusqu'ici, le plus clair résultat du mouvement socialiste a été de pourvoir d'un bon traitement, avec buvette et voyage gratuits, certains phraseurs sans scrupules. Aussi les autres, ceux qui les suivent, commencent-ils à se lasser de voir que ce sont toujours les mêmes qui occupent la bonne place.

Vous verrez qu'à leur tour, ils essayeront de la prendre.

Ce jour-là, le socialisme sera fini, comme il arrive toujours lorsqu'un parti tourne au syndicat d'ambitions.

Georges SPITZMULLER.

La Démocratie, Montluçon, 19 Septembre 1895.

UNE ŒUVRE VAINE

Lorsque cédant au désir enfantin d'être qualifiés d'*avancés*, quelques-uns de nos conseillers généraux se sont délibérément mis à la remorque du collectiviste Dormoy, ils ont sacrifié à une douteuse gloriole les idées de bon sens et de véritable républicanisme qu'ils préconisaient en tant que candidats.

Suivre ce fantoche de Dormoy dans ses élucubrations socialistes, appuyer de son vote ses demandes de subside pour la comédie congressiste qui vient d'avoir lieu près de Troyes, c'est se montrer naïf et inconséquent à la fois.

Naïf parce que les collectivistes n'ont jamais eu et n'auront jamais aucune espèce de reconnaissance aux radicaux de ce que ces derniers font pour leur cause ; inconséquent, parce que l'argent donné sort à mettre les politiciens en vue, sans aucunement profiter à la classe ouvrière.

De quoi s'est occupé principalement le congrès de Romilly ?

D'affirmer la prépondérance du parti guesdiste sur les autres partis socialistes. C'est cela surtout qui lui tenait à cœur, aussi M. Dormoy voulait-il envoyer, aux frais du département, le plus de délégués possibles à Romilly. Pensez donc que Limoges va avoir son congrès à son tour, où ne figureront pas les grands pontifes du guesdisme !

L'autre grosse question concernait la conquête des municipalités par les socialistes. Cette conquête ne changerait en rien la situation des ouvriers en général, mais elle permettrait à bien des « socios », que le travail manuel dégoûte, de remplir les fonctions appointées et faciles de maire, d'adjoint, de conseillers municipaux.

M. Dormoy, qui a tâté de la chose et qui s'en trouve bien, avait tout intérêt à faire soutenir ce genre de revendication par *ses* délégués, mais il n'en était pas de même du département ni des cantons représentés par les conseillers généraux qui ont voté avec lui.

Ne sait-on pas que partout où l'expérience a été faite de ces municipalités, les électeurs déclarent avoir plein le dos du socialisme ?

Au lieu des économies, des réformes promises et de l'impartiale justice qui devait présider à tous les actes des élus, on a vu le plus imbécile gaspillage, le favoritisme le plus effréné se donner cours.

Ces prétendus fervents de la liberté ont fait preuve du plus cynique autoritarisme et leur désintéressement est allé jusqu'à se faire octroyer sur les fonds communaux de bons appointements et des frais de voyage qui n'ont pas toujours été effectués. Montluçon, Saint-Denis, Roubaix, Marseille ont subi ces désagréments.

On conviendra que le conseil général de l'Allier aurait été bien mal inspiré en votant des fonds pour permettre à M. Dormoy et à ses amis de faire de la propagande en faveur d'expériences de cette nature.

Pour le surplus, qu'a-t-il produit ce fameux congrès de Romilly ?

En fait de questions ouvrières, on y a longuement discuté de la « politique coloniale » et de la « politique extérieure ». Les beaux parleurs comme Guesde, Lafargue en ont profité pour prononcer de longs discours.

Nous nommons et payons des députés pour faire cette besogne, à quoi bon, dès lors, subventionner un congrès *ouvrier* pour s'occuper de politique. De quelle utilité est, pour le travailleur, cette répétition des interpellations que nous avons entendues, et que nous entendrons encore à la Chambre ?

En vérité, les représentants des intérêts départementaux, dans l'Allier comme ailleurs, ont autre chose à faire que de faciliter, par leur approbation et par le vote de subsides, la conquête de l'assiette au beurre que rêve le groupe guesdiste.

Il ne s'agit pas d'améliorer le sort des travailleurs, mais de donner le bâton pour se faire battre.

C'est ce que bénévolement ont essayé de faire les conseillers généraux « avancés » de notre département.

F. THÉROND.

L'Écho Saumurois, Saumur, 19 Septembre, 1895.

Fiasco de premier calibre

Vous souvenez-vous du récent congrès de Romilly-sur-Seine (Aube), congrès marxiste, guesdiste, fantaisiste et fumiste s'il en exista ? Non. Tant pis pour vous. Aussi, nous permettrons-nous d'en résumer les incidents qui, réellement, méritent la peine d'être notés en passant.

Si cette assemblée n'a pas jeté la moindre lueur sur les progrès du mouvement socialiste, en revanche, elle a consacré l'omnipotence (si c'était donc, enfin, la mise à la potence !) de Jules Guesde et de ses quelques « Bertrands ».

On a tout approuvé, tout applaudi. On aurait dit d'un bataillon de figurants manœuvrant sous l'implacable surveillance du coryphée.

Pas la moindre discussion sérieuse, pas le moindre débat. MM. Jules Guesde, Paul Lafargue, Chauvin, etc., sont venus, ont discouru et vaincu. A l'exposition de leurs formules rancies, l'assemblée a répondu : « Brigadiers, vous avez raison !... »

Notons, cependant, au passage une idée, sinon nouvelle, du moins pas encore éculée.

Dans la liste des revendications guesdistes, on demande la limitation de la journée de travail à six heures pour les jeunes gens de quatorze à dix-huit ans. C'est une modification au dogme des trois-huit La journée de six heures commence à poindre. Puisque *tous* les jeunes gens de dix-sept à dix-huit ans ne pourront pas faire plus de six heures de travail dans la société collectiviste, il ne sera que juste d'étendre ce régime aux hommes plus âgés. La journée se résoudra alors dans la formule des quatre-six : six heures de travail, six heures de sommeil, six heures de repos et six heures de *far niente*. Ça nous semble plus simple que bonjour.

Des quatre-six, on en viendra, évidemment, aux six-quatre, puis aux douze-deux !.. L'admirable division de la journée de vingt-quatre heures permet toutes les combinaisons et tous les jeux de chiffres nécessaires pour assurer la tranquillité des nobles travailleurs affligés d'un poil dans la main.

La vanité et la stérilité du convent de Romilly n'ont point échappé aux socialistes eux-mêmes. Le *Parti ouvrier*, qui n'est certes pas un journal bourgeois, publie, sur les travaux (?) de ce congrès et sur l'attitude des chefs guesdistes un article [illegible]
« La fraction guesdite (c'est le *Parti ouvrier* qui parle) n'a et ne veut connaître d'autre souci que celui d'arriver au pouvoir et d'y implanter sa dictature jacobino-socialiste. » Et, ailleurs, toujours en parlant des chefs de la bande à Jules : « Le pouvoir ! c'est la convoitise délirante... etc... » Le *Parti ouvrier* ne se gêne aucunement pour rappeler aux guesdistes qu'il fut un temps où ils déclinaient, avec un royal mépris, les sièges électifs, « même municipaux ». Aujourd'hui, ces « polichinelles » exécutent des « courses folles vers les mandats » afin de conquérir les pouvoirs « si ardemment convoités » ; ils sont candidats, encore candidats et toujours candidats, même candidats au Sénat qu'ils veulent supprimer.

Les principes ? as-tu fini ! Le possibilisme de Guesde, c'est sa possibilité d'escamoter les « grandes places » et de glisser la patte dans les coffre-forts de l'Etat.

Mais, c'est à cela que se bornaient les vœux de Mandrin. Quel malheur que ce gentilhomme de grand chemin soit né cent soixante et onze ans trop tôt ! Il eut admirablement joué le sosie de Jules.

www.ingramcontent.com/pod-product-compliance
Ingram Content Group UK Ltd.
Pitfield, Milton Keynes, MK11 3LW, UK
UKHW020415220726
13923UKWH00004B/1963

9 782019 965570